나를 위로하는 정의

상담심리 교수의 치유 언어

진명일 에세이

일러두기

글맛(이랄 것도 없고)과 오리지널(이랄 것도 없지만)을 찾아가고자
맞춤법과 표기법에 예외가 있습니다. (죄송합니다, 꾸뻑)

들어가며

나는 왜 이 책을 쓰기 시작했는가.
어른(답지 않은 어른)이 된 후,
한 길로 심리상담을 공부했다.
이곳에서 행복을 찾을 수 있을 것이다, 하고
믿어서였다. 행복의 문은 많았다.
그러나 행복은 도착한 문을 열고 들어가면
'펑' 하고 화려하게 차려져 있는 식탁이 아니었다.
도착과 완성에 있지 않았다.

행복하고 싶어서, 인정하기에 목숨 거는 게 아니라
인정받기에 목숨을 걸고 살아왔다.
더 많은 인정을 받기 위해, 경주마처럼 살 때도 있었다.
인정을 잃어버렸을 때는
온정신으로 살아내기가 간당간당할 때도 있었다.
괴로움은 어떻게 멈추어지는 것일까, 하는 생각까지
들었다.

끝 간 데 없는 고통은 '사람'이라는 생명체에게 장착된
운명이었다.
고통은 부자, 가난한 이, 인플루언서, 연예인, 학자,
노동자, 소수자, 약자를 구별할 줄 모르더라.
차별적으로 골라서 찾아갈 수 있는 존재가 아니었다.

고통은 사람의 운명에 세트로 장착되어 있으니,
수술로 (즉, 세상 무얼로도) 떼어버릴 수 없다. (뗄 수 있다면 사람이
아니게 된다는 말이 된다. 죄송하지만)
그렇지만 고통이 우리의 운명지어진 한계를 넘어서게 도와
주었다. 무엇보다 기계가 아니라, '(칼 로저스가 말한) 진정한
사람'이도록 도왔다. ('진정한 사람'이라는 것이 어떤 건지 나로서는
짐작조차 할 수가 없지만)

고통을 통과하면서, 평화의 문으로 나를 이끈 것은
심리상담 분야의 하나인 '사회정의 상담'이었다.
(이하부터는 '사회정의'를 '정의'로 줄여 쓰겠다)
고통이 진정한 사람이게 하는 길목에
정의가 버티고 있었다.

우리들 옆에 늘 있었던 '약자'라는 사람들이
어렴풋하게나마 눈에 보여지기 시작했다.

이들이 살아낸 세상이 흐릿하나마 보여지기 시작했다.
정의는 약자와 소수자를 껴안는 데서 출발했다.
얼굴이 정우성처럼 생기지 않았다고,
몸이 균형 잡히지 않았다고,
리어카로 박스를 줍는다고,
옷을 허름하게 입었다고,
말을 어눌하게 한다고,
피부색이 다르다고,
지능이 낮다고,
수백 가지 이유로
혐오, 경멸, 차별, 억압, 무시의 마음을 가질 때
역설적이게도 평화감은 점점 더 흩어졌다.
(흩어지는 느낌조차 의식하지 못했다)

정의를 접할수록 감성과 사유의 변화가 일어났다.
(이것 때문에 딜레마가 더 많아지긴 했지만)
변화는 느리게, 급격하게, 뜨겁게 일어났다.
확실한 건 시작되었다, 하는 마음이 들었다.

사람은 과학으로만 설명할 수 없는 오묘한 존재였다.
약자를 차별할 때, 그 순간 일어나는 화학적 감정이
나를 나쁜 괴로움으로 빠뜨렸다.

이들의 삶을 이해해나갈 때, 삶은 뜨거움으로 반응하고
이 반응은 평온의 길로 안내했다.
정의는, 근거가 있는 위로였다.
정의에 접속해 갈수록 느낄 수 있다.
우리의 고통이 (진짜) 우리의 잘못이 아니다,는 것을.
우리의 괴로움이 (진짜) 우리의 잘못이 아니다,는 것을.
(심드렁하게 넘어가는 건, 사람들의 선택이겠지만, 나는 이 말이 좋다)

여전히 평화의 길을 찾아가려는 건
사람들과 내가 다르지 않다.
그래서 대단한 위로가 될 것이라고 생각하지는 않는다.
하지만 사람은 누구나 고통을 견디며 살아낸다는 것을,
정의를 통해 말하고 싶었다.
그리고
'정의'가 우리를 살아내게 하는 '위로의 길'이다, 라고.

차례

1
노동을 위로하는 정의

2
화폐를 위로하는 정의

#
가난을 위로하는 정의

6
모두를 위로하는 정의

★ 정의가 데려다준 위로

슬프게도 나는 가족과 학교에서 진정성과 인간미에
감동받을 기회를 놓쳐버린 채 살아왔다.
한 번 놓쳐버린 감응은 어른이 되어서도
경험하기 어려웠다.
나도 똑같이 자본주의 사고만을 하도록
강요받으며 자랐다.
늘 생존이라는 현실을 질주하였다.

상담심리를 공부하며, 근근이 삶에 눈을 뜨려 애썼지만,
무서움에 발버둥 쳐도 깨어나지 않는
가위눌림 같은 삶을 살아왔다.
안개 낀 세상에서 안개를 볼 수 없었고,
어쩌다가 축축한 안개를 느꼈다.
이건 '정의'에 대한 상담 공부가 내게로 들어오면서였다.
버둥거림이 헛되지는 않았다.

대학에서 '사회정의 상담' 수업을 위해서는
'나'를 세공시켜야만 했다. 이 과정에서
침묵(무관심)하는 것도 (부정의에) 동조하는 것이다, 라는
이 분야의 구호를 보아버렸다.

그렇다면 '그동안 나는 무얼 하고 있었지?',
'내가 할 수 있는 건 무엇이지?' 하는 새로운 의문이
나를 놓아주고 싶은 생각이 없어 보였다.

약자, 소수자를 위해 피켓을 들고
거리에 나가본 일도 없고,
용기를 장착한 사람도 아니었다.

새로운 의문에 붙들려 살다가
여기 이 책을 쓰는 것에 도착했다.
이 책을 쓰기로 마음을 다지고 시작했지만,
과정은 고단했다. (진짜로)

정의가 우리를 현실의 억압으로부터 완벽하게
해방시켜주는 마법은 아니었지만,
최소한 차별과 억압의 생산자로부터
'자유'를 선택할 수 있는 희망과 용기를 주었다.

하지만 사람들에게 희망과 용기를 주는 '정의'가
쉽게 다가가지 못하고 있음을 알았다.
그래서 '정의'를 말할 때, 학술적인 단단함을 벗어나
말랑한 마시멜로처럼 다가가고 싶었다.

정의 주제 자체가 마시멜로 같을 순 없지만(정확히는 내가 마시
멜로 같은 달달한 언어와 문장을 구사하지 못한다, 라고 생각한다), 이 주
제를 침묵하지 않는 이유는(찻잔 속의 태풍이겠지만)
내가 '사람'이 되어가는 과정을 도와주었기 때문이다.
받은 도움을 갚아야 한다는 부채감도 있지만,
사회적 차별과 편견으로 고통받는 이들에 대한
고통이 보이기 시작해서다.
사회적 차별과 편견은 모두가 받는 고통이기도 하다.
이 고통으로부터
'위로를 주는 정의'를 함께 하고 싶었다.

◆

수업 시간에 영화 '매트릭스' 1편에 대해 말했을 때
어떤 이들은 태어나지도 않았을 만큼,
낡았다는 것에 놀랐다. (아니, 내가 늙은 것에 놀랐다)
소개하고 싶은 내용은 이렇다.
악역이었던 사이퍼가

사람이 아닌 컴퓨터 프로그램의 일종이었던
스미스 요원을 만나 협상하는 씬이 있다.
사이퍼가 동료를 배신하는 것에 대한 보상으로
다시 가상현실인 매트릭스 세계에서
살아갈 수 있도록 요구한다.
그러기 위해서 인간 배양 기계에
다시 잠들게 해주는 것을 조건으로 내건다.
그리고 이런 말을 한다.

"확실히 난 (고기) 이것이 가짜라는 걸 알지.
내가 이걸 입에 넣으면, 매트릭스가
내 뇌에 이것이 맛있고, 육즙이 많다는 걸 느끼게 하지.
내가 깨달은 게 뭔지 아나?"
"모르는 게 약이라는 거지."
그놈의 옹알이 같은 소리가 가슴에 와닿는다.
그는 나의 어두운 그림자였다.

매트릭스 세계는
에피쿠로스가 말하는 행복한 세상이다.
깨어난 현실은 어둡고, 무거운 디스토피아 세상이었다.
그렇다면 깨어난 현실이 아닌 기계에게 배양되며,
잠들어 있는 매트릭스 세상이 행복한 세상 아닌가.

기계 월드를 위해 인간이 노동하는 상상이 단순히
매트릭스 영화 속의 이야기일까.
그런데 왜, 고요한 잠을 자고 있는데,
깨어나기 위해 몇 십 년을 버둥거리며 살아왔는가.
(버둥대는 것은 지금도 진행형이다)
다른 건, 나는 다시 과거의 나로 돌아갈 수 없을 만큼의
화학 변화가 일어났음을 느낀다.

아픔의 중력이 클 때도 있지만,
감응의 중력도 그만큼 커진다는 걸 알았다.

그림자처럼 살아가야 하는 사람들,
세상의 편견으로부터 상처받으며 살아내는 사람들,
위로가 절실한 사람들,
이런 사람들에게 이 책이 작은 위로가 된다면,
나에게도 위로가 될 것 같다.

내가 기울어짐 속으로 운명지어진 사람들에게
마음이 가는 건,
던져진 세상에서 B급 인간으로 살아서일까. (A급과 B급의 경
계는 정확히 알 순 없지만, 조선시대에 태어났다면 난 확실히 마당쇠(노비)
였을 것 같다. 자꾸 이런 생각이 든다)

독자들이 삶의 무게감을 덜어내고,
과중한 책임에서 벗어나
자신을 받아주면 좋겠다.
세상이 기울어져 있다는 것을 보게 되면,
세상이 우리에게 뒤집어씌운 무게감을
어느 정도 벗어낼 수 있을 것이다.
내 글이, 삶의 작은 전환점이 되길 바란다.
자신을 받아주는 위로가 되길 바란다.

누구에게나 삶은 고통스럽지만,
누구에게나 삶은 희망이다.

★ 삶의 시작, 평화로운…

세상에 생명으로 드러나는 순간부터
악의 사회화가 시작한다. 선의 사회화가 아니라.
흡사 우주의 원리와 일치된다.
어두움으로 가득한 우주에 군데군데 빛이 있지, 빛으로
가득한 우주에 어둠이 군데군데 있는 것이 아니다.
밝은 곳에서는 서로 손을 잡지 않아도 된다.
어두운 곳에서는 서로 손을 잡아야 함께 갈 수 있다.

우리는 악의 사회화가 된 어둠 속에 있다.
(내가 너무 비관형 인간 아니냐, 한다면 그럴 수도)
그렇기에 우리가 빛이라는 내면의 선을 일깨우고,
서로의 손을 잡아주기 위해서는 그 무언가가 필요하다.

악의 사회화를
착취·감시·독재·소비·외모 자본주의, 신자유주의,
능력주의, 노력주의, 종차별주의, 인종차별주의,

성차별주의, 정상 가족중심주의... 라고 생각했다.
우리는 이러한 '~주의(ism)'로 사육당한다.
빛을 낼 수 있는 존재임에도 불구하고,
배터리로 자원화되어, 행복이 심어진 채 살아진다.

어떠한 이해도 할 수 없는 세상과의 시절 인연으로
죽도록 옷 쓰레기 무덤과 전자 쓰레기만 뒤지거나,
평생을 제대로 된 삽(장갑)도 없이
광물 채취를 위한 땅을 파야 하거나,
오로지 남의 옷만 빨아야 하거나,
땡볕에서 사탕수수만 베어야 하거나,
피비린내 나는 공장에서
동물을 죽여 고기로 만드는 노동만 하다가,
삶이 마감되어지는가.
무엇이, 이들을 그림자가 되도록 감추어지고
대상화되고
자원화되고
소외되도록 하는지.

사회가 악인적인 얼굴이 있다면
사회에 적응적이고 친사회적인 사람이
'진정성 있는 사람'일지, 의문이 든다. 라고 할까.

'적응적, 친사회적'이라는 교과서적인 단어가
우리를 긍정적으로 만들고, 진정성 있는 사람으로
태생되도록 읽히는지 (지금) 사유해 보아야 한다.

대학 현장에서 성적도 좋고, 친화력도 좋아 보이나
도리어 진정성을 느끼기 어려운 이도 보게 된다.
소위 부적응적이거나 내적 고통에 고민함에도 불구하고,
이들이 진솔한 사람이다, 하는 마음이 들 때도 있다.

적응할 것이냐, 부적응할 것이냐.
도대체 얼마만큼의 두께가 있는 가면을 착용하는 것이
행복하고 평화로운 것인지.
가면의 두께를 잘 맞추기만 한다면
평화를 얻을 수 있기는 한 것인지, 의심스럽다.

◆

미야자키 하야오의
애니 〈센과 치히로의 행방불명〉에서는
주인공 치히로의 부모가 욕심에 휩쓸려
우리에 갇혀서 사는 돼지로 변해버리는 씬이 나온다.
치히로는 하쿠(치히로를 도왔던 친구)와 부모를 구하고
마을을 해방시키는 사람으로 폭풍 성장한다.

영화 〈매트릭스〉의 '희망'인 네오(키아누 리브스)는
깨어남을 깨우친다. (키아누 리브스는 영화 밖에서도 희망을 준다)
우리는 네오의 깨어남과 치히로의 폭풍 성장을
가능하도록 부여받았음에도 불구하고,
어둠의 세상에 살아가듯 살아지고 있다.

도대체 누가 우리를 깨울 수 있는 것인가?
운이 좋다면 지혜로운 친구나 멘토, 스승을 만날 수
있다. 네오는 모피어스를, 치히로는 하쿠를,
만나듯이. (운이 없으란 저주를 믿을 필요는 없지 않나)
네오, 치히로처럼, 우리가 '큰 존재'라는 사실을
망각시키게 만드는 '~주의'에 반대한다.
(내가 반대한다고 해도, 아무 일도 일어나지 않겠지만)
망각(같은 가스라이팅이 전수되는 시스템)에서 깨어나
내 삶을 제대로 보고 싶다면,
다른 사람의 삶을 (함께) 보아야 한다.

나와 다른 사람의 삶을 자세히 봄으로써
우리가 왜 어렵게 살아내 가고 있는지를 이해하는 것이
중요하다, 라고 생각한다.
그 어려움의 본질이 우리 자신으로부터 출발하지
않았다, 라는 걸 (이 책을 통해) 이해했으면 좋겠다.

이것이 우리 스스로가 수치심이나 죄책감, 무기력을
벗어낼 수 있기 때문이다.

어둠의 세상 속에서 작은 빛을 내며 살아내(혹은 살아져)
갈 것인지.
자신의 운명(나를 돕는 힘)을 믿길 바란다.
운명의 힘을 끌어내기 위해,
정의가 우리를 도울 것이다.
그리고 이 정의가
나를 위로하는 정의,가 될 것이다.

있는 사람은 더 받아 넉넉하게 되겠지만
없는 사람은 그 가진 것마저 빼앗길 것이다.

- 마태복음 13장 12절 -

노동을 위로하는 정의

노동의 위로

22년 12월, 다현이(실명을 써도 된다고 허락한 내 조카라는 사람)가
회사를 그만두었다.
입사일은 22년 8월이었다. 5개월이라는 시간은,
근속 10년, 20년, 노동자의 눈에는 핏덩이로 보인다.
5개월은 150일(3,600시간).
그에게는 '첫사랑'처럼 '첫'이다.

다현이는 내가 아는 한 나를 포함하여,
가족, 친척들에게도 살갑진 않다.
친구들 사이에선 '인싸'로 통하는 것 같다.
잘은 모르지만.

그가 공대에 갈 때도,
공대 자격증을 딸 때도,
그걸로 반도체 설계회사에 입사할 때도,
나는 심리학도라 공학도는 다른 세상 사람 같았다.

내가 살아왔던 대자본 기업은 마른 땅 같은 곳이었고,
그곳은 허무하고 메마른 곳이다, 라고 키에르케고르적인
음울한 기억으로 남았다.
(내 쪽에 문제가 있었던 사람인지도 모르겠지만)

내가 그의 인생을 가위로 재단할 수 없다는 것을
잘 알면서도 고향으로 돌아오는 그가 반가웠다.
퇴사일을 정했다는 톡을 받았을 때.

평소에는 별칭인 '다풍'이라 부른다.
2년 전쯤부터 자연스럽게 내가 부르는 애칭이다.
생각 없이, 편안한 발음을 생각해낸 것이다.
중간 이름 '다'를 남기고 부른 것인데,
풍은 '바람 풍'자로 우연히 일치했다.
그물에 걸리지 않는 바람처럼
(머 이런 멋진 말이 있나-내가 한 말이 아님),
그는 솔직하기 때문에 그물에 걸리지 않는
자유로운 바람처럼 보였다.
그를 좋아했던 이유였다.

입사 초기 때, 회사 상사의 업무 행태를 듣고,
진상(가스라이터)임을 직감했다. (종종 틀리기도 하지만)

22년 11월에 내가 보냈던 톡이다.

"나는 다풍이 회사 생활이 뚜껑 열리는 그 상황이나 그 인간도 이해가는디, 어찌 나보다는 3배 정도 회사 생활 잘할 듯… 이 느낌 생각은 머지? ㅋㅋ"

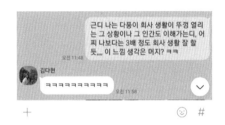

톡을 이렇게 보낸 것은,
그의 솔직한 자유함이 12년 직장생활을 한 나보다
잘할 거다, 하는 마음이 들었기 때문이다.
틀렸다.
웃음기가 잘 떠나지 않는 그에게도
직장 일에서만큼은 그만의 고통이 있었다.

사소한 상처를 받아본 일이 없는 사람처럼
훌훌 털어내는 감정 능력자인 줄 알았다.
그런 그도 충분히 아프고 있었다.
누군가를 위로한다는 것은, 늘 어렵고 미숙하다.

그 이유 중 하나는
가스라이터가 만들어낸 착취적인 노동구조 때문이다.
수당 없는 반복적인 야근과 삭막한 분위기 때문에,
그들이 지어낸 후진 조직 문화 때문에,
까라면 까야 하는 억압적 노동구조 때문에,
위로가 무력화되기 십상이다.

젊은이들에게 한 직장을 오래 다니지 않는다고
끈기가 없다,
의지가 없다,
책임감이 없다,
성실함이 없다, 라는 식의
이런 말은 듣는 이도, 말하는 이도 불행한 일이다, 라고
나는 생각한다.

첫 직장의 첫 고통은
다현이와 같은 젊은이들의 잘못이 아니라,
나쁜 어른들이 만들어낸 나쁜 조직 문화(같은 나쁜 세상)
때문이다.
나쁜 조직 문화를 선도하는 가스라이터 때문이다.
최소한 우리가 일을 못해서,
일을 깔끔하게 처리하지 못해서,

일을 느리게 해서가 아니라.

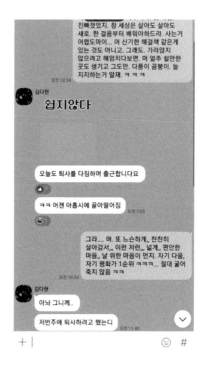

우리는 모두 이번 생은 처음이라,

매일이 처음인 생이기 때문에,

별의별 일을 다 예측할 수 없다.

별의별 일이 일어날 수밖에 없는 우리 삶을 안아주는,

이해가 먼저다.

때로는 실수처럼 보이는 일(실수는 없다. 그저 그 일이 일어났을 뿐이다)을 모른 척까지 해줄 줄 아는

배려, 격려가 먼저다.

착취자는 없고, 착취의 고통만 남았다

나의 모(어머니)는 소위 공순이였다.
반백수 농사꾼이었던 부(아버지)를 만나
흙수저 가족을 꾸려나갔다.

모는 어린 시절 먼 친척의 식모살이를(하느라 초등학교를
다니지 못하고) 살다가,
서울 지역 방직공장에서 공장살이를 시작했다.
공순이가 되기 전까지도, 공순이가 된 후에도
세상 어느 한 명도, 그에게 공돈을 쥐여 준 적이 없었다.
(있을 순 있겠으나 내가 들어보지 못했다)

세상은 차갑고, 칼바람 부는 곳이었다.
가족다운 가족도, 친구다운 친구도,
동료다운 동료도, 어른다운 어른도, 없었다.

그에게 소중했던 건 남편과 그의 아이들뿐이었다.

세상은 나쁜 곳이었고, 사람들은 믿을 구석이 없었다.
오로지 그가 꾸린 가족을 위해서만 노동을 했다.
얼음장 같은 그를 이해할 수 없었지만,
40년은 지나서야 어렴풋이 이해할 수 있었다.
그에게 세상이 얼음장이었다는 것을.
얼음장 같은 세상을 살아온 그와
그의 보살핌을 받고 살아온 나는
서로 다른 각자의 언어를 가지게 되었다.
그가 세상에서 배워왔던 언어와 내가 배워나간 언어는
티베트 민족의 말 같은 거리감이 있었다.
내가 그의 언어를 배워나가야만
마음을 나눌 수 있다.

가족은 그에게 돌봄과 마음을 주지 않았고,
국가는 그에게 교육과 마음을 주지 않았고,
자본회사는 그에게 (여윳)돈과 마음을 주지 않았다.

그에게 착취자는 없고, 착취의 고통만 남았다.

플랫폼은 괴물이 되었다

17년 지기, 택배 노동자, 동생이 있다.
3년 차에 접어든, 의식 있는 택배 노동자다.
'의식 있는'의 뜻은 이렇다.
대학 때 신문사 동아리, 인터넷 신문사 기자 등을
거친 것도 있지만,
인터넷상에 논리적인 글을 꽤 올렸었다.
나름의 세상을 보는 시각을 가지고 있었다.

그런 그가 자신의 회사에서 블랙리스트에 올라가게
되는 과정을 들었다.
배송하기 난처한 제품에 대하여
소비자와 배송 기사인 동생 간의 갈등이었다.
소비자의 황당하거나, 화난 마음이 이해도 되지만
내 옆에서 하소연하는 동생의 심정이 더 우선이었다.

그의 하소연을 듣고 나니

택배 플랫폼 회사는 사람을 '배달 로봇' 정도로
여기는 것 같다.
1.5리터 생수 1개를 배달해도
1.5리터 생수 6개들이 1묶음 세트를 배달해도
받는 수당은 동일하다.
승강기가 없어서 계단을 이용해
10kg 쌀을 4층으로 배달해도,
2kg 쌀을 1층으로 배달해도,
받는 수당은 동일하다.

최악의 조합은
"부피가 큼 + 무거움 + 승강기 없는 높은 층"인 것이다.
당시 '이 무슨 강아지 풀 뜯어 먹는 소리인가' 했다.
그간 나는 소비자의 눈으로 택배 기사님을 바라보았다.
그를 통해, 택배 기사님의 어려움을 일부, 일부… 이해하였다.
이런 판 속에서 버티는 삶을 살아간다는 걸.

만일, 소비자와 택배 기사님 간에 나쁜 감정이 있다면
이렇게 되도록 이간질을 한 원흉은
택배 플랫폼 회사였다.
아파트에서 층간소음으로 나쁜 감정이 있다면,
이렇게 되도록 쌈박질시킨 원흉은 건설 회사이듯.

(층간 소음 방지를 하는 바닥 충전재 시공 문제니까)

절친에게 이런 이야기를 하였다.

그런데 친구의 말에 소소한 울림이 있었다.

"나는 무거운 물건은 애초에 안 시켜. 미안해서, 그리고 웬만하면 (4층 관사에서 살고 있었는데) 1층에 놓고 가시라고 해. 그런데도 어떤 기사님은 꾸역꾸역 4층까지 걸어 올라와서 놓고 가신다."

'이 사람이 그런 사람이었다고?' 하고 생각했다.

"니가 정말?" 못 믿겠다는 듯한 말을 던지면서도,

"사람 됐네~" 했다.

그의 결을 다시 보았다. (기사님과 우리 간의 결이구나)

자신의 결을 닦는 것도, 자기 행복을 위해 필요하다.

하지만 우리의 격을 손상시키고, 삶을 사막화시키는

플랫폼 배달 회사의 구조(정당한 보상 체계)를

손 봐줘야 하는 것이 먼저다, 라고 생각을 한다.

동생은 오늘 하루도 비틀어진 구조 속에서

'노동'을 버티고 있다.

가스라이팅 괴물은 어디에나 있다

배달 라이더, 소상공인 업주, 소비자.
이렇게 각자의 역할이 다른 3개의 세상을
연결해준 것은 플랫폼 회사다.
그런데 플랫폼 자본회사에도
인간성을 상실한 가스라이터가 일하고 있을 수 있다.
(모든 자본회사에는 가스라이터가 일하고 있다, 라고 해도 무방하다고 생각
한다)
그리고 배달 라이더, 소상공인 업주, 소비자도
사람이기 때문에, 이 속에도 가스라이터들이 숨어있다.

가스라이터들은
1. 자기애성(잘난 척하거나, 추앙받으려고만 하는)
2. 반사회성(착취적이거나, 공격하려는)
3. 연극성(거짓말을 하거나, 연기하려는)
4. 경계성(충동적이고, 불안정한), 성격장애
이 중 어딘가에 있는 사람이다. (주로 1번과 2번이 많다고 생각한다)

이 4(사)가지 유형에서 각각의 성향은

서로 비슷하면서도 다르다.

가스라이터들은 이 4(사)가지 유형의 성향이

여러 형태로 조합되어 탄생한다.

그래서 가스라이터들의 성향도 나쁘게 다양하다.

라이더가 반사회성 성격의 성향이 있는 사람이라면,

신호 무시와 질주는 그에게 아무런 문제가 되지 않는다.

(착취적인 벌칙 구조로 인해 시간에 쫓기는 선량한 라이더를 말하는 것이

아님)

음식이 흐트러지는 등

소비자 불만이 생길 만한 일에 대해 걱정이 없다.

소비자가 주문을 한 음식을 대신 먹어 주는 것도

어렵지 않다. 그들에게 양심을 기대할 수 없다.

소비자가 자기애적이거나

연극성 성격의 성향이 있다면,

음식에 고의로 이물질을 넣고 신고하거나

정상적인 음식에 문제가 있다고 시비를 걸어올 수 있다.

혹은 주문한 음식이 빨리 안 온다며

닦달하고 화를 낼 수도 있다.

평상시의 레시피로 조리된 음식과

정상적인 배달이 이루어졌음에도 별점 테러를 한다.
라이더가 공손하게 전달해주지 않았다는 이유도
별점 테러에 해당한다.
라이더는 평소답게 전달하였을지라도,
자기애적인 사람은 공손함의 기준이 높다. 지나치게.
의심이 주된 특징인 편집증적 소비자라면(가스라이터가 아닐지
라도, 이런 성향이 있다면), 음식에 대해 끊임없이 '뭔가 잘못 만
들었을 거야'라고
의심하면서 항의를 할 수도 있다.

배달 음식 업주가 자기애적, 반사회적 성향이라면
자신이 잘못 만든 음식 실수에 대한 사과는 통과한다.
소비자에게 '그냥 먹어라' 한다.
음식의 원산지를 허위로 사용하거나,
유통기한이 지난 식재료나 고기를 쓴다. (이런 엉망인 음식을 본
인도 잘 먹는다면, 가스라이터는 아닐 수도 있다)

그러니까 별점 테러는
정당하거나 억울하거나 연기일 때도 있다.
업주가 가스라이터라면 소비자가 주는 별점 테러는
정당하다.
소비자가 가스라이터라면 업주나 라이더가 억울하다.

플랫폼 회사, 소상공인, 라이더, 소비자라는
네 가지 구도에서
선량한 이와 가스라이터를 (잘) 구별해야 한다. (구별이 쉽다는
건 아니다. 나도 종종 속고 나서야 알기도 하니까)
선량한 라이더, 업주, 소비자를 비난해선 안 된다.

그러나 (착취) 자본주의는 가스라이터로 길러지도록
부추긴다. 돈으로 무엇이든 해결할 수 있다, 라고 하는
자본주의 속성은, 가스라이터의 비틀어진 욕망과
합이 맞기 때문이다. (심하게는 아니, 흔하게는 사람 목숨보다 돈이 더
중요한 것도 똑같다)
그래서 과거보다 예상을 초과하는 일들을 겪는다.

상담 분야에서는 가스라이터라는 용어가 있기 전에는
'에너지 흡혈귀'라고 불렀다. (사람들의 기운을 흡혈해 간다고 해서)
가스라이터 괴물은 기업, 정치, 연예, 금융, 종교 분야…
어디에나 있다.

'선량'이라는 가면을 쓴 가스라이터에게 에너지를
빼앗기지 않아야 한다. 이들의 워딩과 행동을 잘
관찰한다면 어느 정도는 알아볼 수 있다.
이들에 대한 최선의 (공통적인) 조언은

피하라. 라고 할까, 피할 수 없다면 최대한 마주치지
말고, 엮이지 마라, 라고 생각한다.

가스라이터는 분노 유발자다

가스라이터는 내면의 상처가 깊은 사람들이기도 하다.
그 상처가 고통스럽기 때문에
자신의 따뜻했던 마음인 연민이나 슬픔 같은 것을
삭제시켜버린다.
감정을 삭제한 양만큼
동시에 다른 사람의 감정도 전혀 알지를 못한다.
이런 상황은 자존감을 취약하게 만들기 때문에,
자신의 취약함을 위장하기 위해 타인을 괴롭힌다.
그래서 분노 유발자가 된다.

그들은 건강한 수치심을 상실한 사람이다.
타인에게 피해를 주는 행동에 수치심을 느끼지 못한다.
오히려 약하거나, 가진 것이 없는 사람들에게
수치심을 주려는 말을 한다. 게다가 약점이 아닌 것을 약점
이라고 부추기는 것을 즐긴다.
그렇기에 스스로가 약하다고 생각하는 사람에게

수치심을 느끼게 한다. 연인관계조차도.

가스라이터는 상대의 약점을 (약점 삼아) 노린다.

그들은 무엇인가 호의를 베풀고, 도움을 주겠다는
말을 손쉽게 한다. 일자리, 사람, 돈 버는 일 같은
무언가 좋아 보이는 것을 소개해 주겠다고 한다.
시간이 지나고 보면, 그 약속은 100% 깨지거나,
둘러대는 (거짓) 말로 흘려 넘긴다.

이런 유혹적이고 달콤한 술수에 걸려들지 않는 것이
좋다. 사업을 하거나 백수로 지내는 중이라면,
(진짜) 안 넘어가기가 어렵다.

그래도 두 주먹 불끈 쥐고,
그들의 거짓 선의를 단호하게 거절하자.
욕심을 쓰레기통에 넣을 수만 있다면, 거절이 가능하다.
혹여 자신이 의존적인 성향이 있거나, 천사표 가면을
쓰고 있었다면, 한 번 자기에게 '거절'이라는 실험을
해 볼 좋은 기회이다. (말처럼 쉬운 일은 아니겠지만)

감시하고, 억압하고, 통제하고, 차별하는 화폐적 문화가
결국은 가스라이터들이 좋아하는 문화다.
이들은 이러한 억압적 문화를 확산시키고
선량한 이들을 착취하는 데 쓴다.
이들은 직업의 귀천이나 돈의 소유량에 따른

차별적 문화를 퍼트리고 있다.

그래서 우리는 차별적 문화에
수치심을 느끼지 않도록 (잘) 방어해야 한다.
그들을 선량한 사람들과 분별할 수 있는
'보는 눈'도 키워야 한다.
우리는 그렇게 약한 존재가 아니다.

약자, 소수자에 대한 연민이 사라지게 길러지면
약자, 소수자에 대해 공격하고 경멸하는
가스라이터로 석고화된다.
약자, 소수자에 대한 혐오를 알아차리고
연민을 느낀다면,
'진정한 사람되기'로 가고 있다는 증거다.
'진정한 사람되기'로 매일을 조금씩, 견디어 나갈 때
시간이 흐를수록
바위 같은 평온이 생겨난다.

자본주의는 욕심을 먹고, 가스라이터가 되었다

죄 없던 자본주의는 어떻게 죄 많은 괴물이 되었나.
자본주의가 무서운 괴물이 되는 것에는
가스라이터라는 괴물 어른이 존재한다.

이들에게 진정성이나 의리를 지키고,
정을 나누는 것은 어려운 일이다.
(간단히 말해, 불가능하다고 생각한다)
이들에게 배신과 조작, 이용과 착취는
쉬운 일이다, 라는 것을 기억하자.

이들 스스로는, 사람을 기만하는 일을 하면서도
기만이라는 것을 의식하거나, 자기 스스로 알지 못한다.
암은 일찍이든 늦게 든 발견을 하면
제도권의 의학 치료든 혹은 자연 치유든
선택하고 어떠한 마음을 기울인다.
그런데 가스라이터들은

자기 치유에 대한 필요성을 (조금도) 의식하지 못한다.
가스라이터의 한 부류인 '자기애성 성격장애'는
평생을 진단받는 일이 없다.
진단받을 병원에 가지 않기 때문이다.
혹여나 자신이 그러한 성격적 병리를 일부 알게 된다고
할지라도 치료를 (절대로) 하지 않는다.
가스라이터이자 성격장애임을 인정하지 않기 때문이다.

이들은 부풀려진 거품이긴 하나
뛰어난 재능이 있는 것처럼 보이기도 한다.
성공과 성취에 대한 야망과 탐욕을 멈추는 법을 모르기
때문에, 사람들이 좋다고 하는 직장에 널려 있다.
성공하기(=돈과 명예) 위해 이 과정에서 타인을
착취하고, 억압하고, 도구로 이용한다.
유력 정치인, 공공 기관장, 고위 공무원, 의사, 종교인,
교수, 기업의 관리직이거나 임원…
좋다고 하는 자리를 꿰차고 있다. (감빵에 가있거나, 인생 폭망한
가스라이터도 있으니, 너무 분노하지 않아도 된다)
심지어 부모이기도 하다. 그래서 아동 학대가 일어난다.

주변 동료의 성과를 자기가 가져가고
자기의 허물이나 과오는 타인에게 가볍게 패싱한다.

사회적인 성공에 도움이 되는 사람에게는 티가 나게
잘하지만, 별 볼일이 없다고 판단되는 사람은
가볍게 무시하는 진상의 끝판왕이다.
이런 부류는 역사적으로 알려진 파시즘적인 괴물들이 있었
고, 미래에도 지속적인 재생산이 이루어질 것이다.
(이럴 거라고 생각하면, 암울하지만)

이런 성향을 탑재한 사람이 국가의 높은 지위에 있거나
제도와 법에 영향력이 있는 사람이라면,
이들이 구축한 시스템은
약자나 소수자를 고려한 것이 아니다.
자기나 자기편, 자기에게 이득을 줄 사람을 위해서만
시스템(제도, 법률)을 구축해 나간다.
콘크리트 같은 권력을 굳혀서 시스템이
작동하도록 만들었다. (콘크리트도 언젠간 금이 가지만)

대자본은 시스템을 관리하고 접근할 수 있는 사람과
절친이 되고(즉, 가스라이터와 가스라이터끼리),
서로의 체력과 돈 불리기에만 뉴런(뇌)을 사용한다.
그래서 자본주의는 노동자들에게
스테인리스 빨대가 되었다.

감정을 삭제당한 노동

자발적 노동이 아닌, 감시와 처벌 속에 놓인 노동은
생각하는 힘을 무력화시킨다.
왜 노동하는 것인가,에 대한 조금의 의심도 없이
노동을 해왔고
기업과 일부 종교, 국가는 혼연일체가 되어 노동을
신성시 해왔다.
어떠한 노동이 가치 있고 의미 있는가?
인간을 성장시키고, 보람과 의미로 이끄는
이타적인 노동이 아닌
지구를 무너뜨리고, 인간의 관계와 건강을
삭제시켜버리는 노동이 신성하다고 할 수 있는가?

2010년쯤 보았던 영화다.
크리스천 베일의 SF 영화 〈이퀄리브리엄〉은
감정이 지워진 세상에서 '감정 유발자'들을 제거하는
내용이다. 영화 제목은 '마음의 평정' 정도의 뜻이다.

미술, 음악 같은 예술 작품도 감정 유발 도구라서,
소지할 경우 처형된다.
유능한 감시자인 베일은
베토벤 교향곡을 들으며 '감정 유발자'로 회심한다.

일을 하는 하루 중에 미술이나 음악, 예술을 접할
기회는 열악하다. 직장에서 감정 유발 도구에 관심을
가질 수 있는 환경은 거의 없다.

학교에서, 회사에서, 공장에서, 공공기관에서
사람에 대한 감성을 가지면 일에 방해가 되기 때문에
매뉴얼화된 노동을 주입하는 현실과 같다.

자본기업은 생명이 사라지거나,
사라질 수 있는 환경을 개선하는 것에 소극적이었다.
생명을 외주화하였다.
안전 개선보다는 주식, 보험, 타법인 지분 취득 같은
금융상품 투자에 적극적이었다.

자본주의는 감정이 삭제된 노동을 원한다.
감정이 삭제된 노동은
조용한 트라우마를 주입시킨다.

조용하기 때문에
내가 왜 슬픈지, 왜 화 나는지, 왜 두려운지,
알아차리지 못하게 한다.
우울하고, 불안하고, 격분하는 증상을 덤으로 받는다.

우리가 예술과 문학을 만나야 하는 중요한 이유가
여기에 있다.
감정을 삭제당하기 손쉬운 노동 환경으로부터
나를 지켜주고 위로해주는 친구가 되어줄 거니까.

고된 혹은 장시간 노동에서 오는 보이지 않는
트라우마를 긴 유흥으로 풀어내는 것은 위험하다.
유흥은 내 감정을 억압하는 경우가 많다.

지금의 노동이 무미건조한지, 아니면 나와 다른 사람을
살리는 느낌인지, 자기 감정을 살펴보는 게 좋다.
지금의 노동이 나와 타인의 감정을 삭제시키는
시스템이라는 생각이 든다면, 늦은 때는 없다.
그 시스템을 벗어나기 위한 준비와 용기를
낼 때라는 신호이다.

당신은 무엇을 해도

최선의 선택을 해왔으며, 최선으로 살아 왔고,
잘 살아낼 운명이 주어진 사람이라는 것을 믿길 바란다.

몸 노동에 대한 사유

대학 때, 친구와 건설 막노동 알바를 하기 위해
새벽부터 인력사무소에 갔다.
해가 밝아오며, 그 많던 사람들이 사라지고
몇 남지 않았던 우리까지는 호출되지 않았다.
지금은 45kg 몸무게의 방치된 몸이 되어버렸지만
당시에도 55kg 정도의 부실한 몸이었다.

아마 이때 체득했을지 모르겠다.
얼굴 자본으로는 도저히 할 것이 없다는 걸
알고 있었지만,
몸 자본으로도 도저히 할 것이 없다는 것을.

학생이면서 아르바이트 노동자였던 대학 시절에는
노동을 하고, 강의 시간에 조는 경우도 허다했다.
주로 식당, 술집 서빙 일을 하고,
일 스트레스를 푼다는 생각에 피시방에서 게임을 했다.

노동은 내 학업과 여가를 위한 수단이면서도 의무였다.
그런 꽉 찬 하루를 보내고 나면, 잠은 잘 잤었다.
그런데 노동을 사유하고 있는 지금은
노동 환경의 무거움 때문에 잠들기 어려울 때도 있다.
그렇다 하여도 '나와 너'에 대한 사유가 없었던 시절로
다시 돌아가고 싶지 않다.

그때와 달리 세상에 퍼져있는 노동의 고통을 느끼지만,
내가 살아야 할 이유도
지구에 던져진 소명도 하나씩 알아가고 있으니까.

나는 태어나자마자 속기 시작했다

자본주의는 직업의 귀천, 권력의 위계를 생산해냈기
때문에 네오-카스트 제도를 건설해 놓았다.

몸 노동에 대해 상상해 보자.
매일 쌀과 곡식 등을 먹고 있기에
쌀 속에 녹아든 햇빛과 바람,
농민의 까만 얼굴과 주름진 손을 의식해보면 알 수 있다.
매일 마시는 커피는 어떤가.
아프리카, 남미 사람들의 피가 스며들어 있을 것이다.
커피 광고에서 아프리카계 여성의 우아한 그런 모습은
현실에는 없다.

왜 고된 노동을 하는데도
가난에서 벗어나지 못하는 것일까.
이는 거대 자본 기업의 시스템과
국가 간 권력의 문제라는 걸 알 수 있다.

비싼 커피를 사 먹는 사람은 있는데,
이것을 키우고 수확한 노동자는
일평생을 가난과 싸우고 있다. 이상하지 않은가?
주식, 부동산, 수 없는 금융투자 상품 등
자본을 굴리는 사람과 손발 노동을 하는 사람의 격차가
돼지와 돼지감자의 차이랄까.

국제 곡물가, 광물 가격이 올라도
그것과 관련된 금융상품을 투자한 투자기관이 돈을 번다.
실제 곡물을 키우는 사람, 광물을 캐는 사람은
변함없이 영혼이 털리는 노동을 지속할 뿐이다.

사회학자인 오찬호 작가는
〈나는 태어나자마자 속기 시작했다〉에서 이야기한다.
노예제도는 사라졌지만, 흑인 노예들은 빈곤층이
되었을 뿐이다. 지금 그들은 노동의 대가를 제대로 받지
못하는 사람들의 대명사로 통한다. (…)
충성의 정신으로 노동하는 남자들에게
헌신하는 아내상이 필요했던 1960년대,
남성은 산업 현장에서 불만 없이 죽도록 일하고,
여성은 집안일을 불만 없이 책임져야지만
경제는 빠르게 성장하고 독재는 은폐된다. (…)

성실한 노동자는 자본주의의 발전을 위해
너무 중요한 요소다.
불평등을 따지지 않고 시키는 일만 죽어라 하는
노동자 덕택에 산업이 성장하기 때문이다.
성실이 교훈이 되면 자본주의는 탄탄대로다.

'나는 태어나자마자 속기 시작했다고?'
처음에는 제목에 이끌렸다. 나중에는 글에 이끌렸다.

콜럼버스를 '신대륙의 발견자'라는 식의
인쇄된 글씨는 위험하다.
그가 첫발을 내딘 신대륙의 원주민들은 호의를 가지고
대하였으나, 콜럼버스팀은 그들을 노예로 만들었다.
그리고 자원을 갈취하기 위한 살인 같은 그림자를
말해주지는 않기 때문이다.
착취자의 관점과 착취당한 사람의 시선은 극과 극인데,
주류 권력자의 관점을 배워나간다.
그래서 우리는 태어나자마자 속기 시작한다.

경제적으로 어려운 나라의 극빈층은
하루 일당이 1~2달러 정도라고 한다.
(그나마 1달러라도 받으면 다행이라니)

최저시급이라는 개념도 없이 '어마어마한 돈'을 받고
종일 영혼이 털리는 노동을 한다.
사탕수수 밭에서, 아보카도 농장에서, 카카오 농장에서.
이들을 성실하다고 말해야 하나.
아니면 순종적인 착한 사람이라고 해야 하나.
법적인 노예제도만 없을 뿐,
이들을 이렇게 대하는 것은 누구일까.

먹거리의 뿌리인 종자 산업 자본주의는
로열티를 받는 방식으로 노예 국가를 만들었다.
저개발국의 드넓은 토지를 저렴한 비용으로
장기 임대하면서 원주민을 착취한다.
다른 나라의 집이든, 문화재든 토지든 랜드마크든
살 수 있는 모든 것을 매입함으로써
힘없는 나라의 사람들은 결국 다른 나라의 거대 자본에
흡수되는 삶을 살고 있다.
개인은 은행에 저당 잡히고
또 그 국가는 다른 강대국의 자본에 저당 잡히는
거대한 '화폐 노예 제국'이 되어버렸다.

내가 먹고 있는 설탕, 식용유, 초콜릿.
내가 입어야 하는 운동화, (속)옷.

이 글을 써 내려가는 노트북.

극빈국 노동자의 손을 거치지 않은 제품이 없다.

그렇기 때문에 최소한 그들의 노고를

경멸과 비하의 시선으로 보는 것에 반대한다.

(앞에서도 말했지만, 내가 반대한다고 해서, 달라지는 건 없겠지만)

그들의 선량한 노동은 그림자가 되었다.

존재하지만, 의식하지 않으면 볼 수 없는 그림자.

그들을 그림자로 만든 자본주의와 착취 제도를

우리가 지켜보고 있다.

(지켜보고 있다고 하는데도, 이 말도 깊은 산속 그저 메아리가 되겠지만)

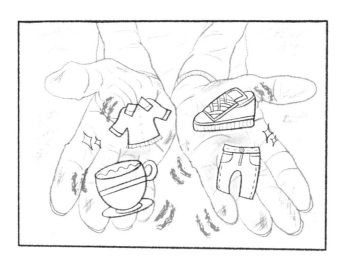

광염에 청년이 사그라졌다.
그 쇳물은 쓰지 마라

자동차를 만들지 말 것이며
가로등도 만들지 말 것이며
철근도 만들지 말 것이며
바늘도 만들지 마라

한이고 눈물인데 어떻게 쓰나. (...)

- 〈그 쇳물 쓰지 마라〉, 댓글시인 제페토 -

쉼 없이 노동해왔고, 이제는 쉼이 더 어렵다

어느 날 친구는 모를 걱정했다.
"넉넉하진 않아도, 쉬어도 먹고 사는 데 지장은 없는데,
무릎도 안 좋은데, 그렇게 매일 일을 하니…"
무릎 등 몸 건강이 좋지 않은데,
매일 아파트 청소일을 하면서
'그만두라'는 자식의 말을 들을 수는 없었다.

경자씨(장모님)하고도 이런 일이 도돌이표 같았다.
경자씨는 지금은 소소한 소작농이다.
치열한 노동의 대가로 2020년에 무릎 수술을 했다.
소소하다고 하기에 사위의 눈에는 소소하지 않다.

2015년에 나는 무를 포대로 나른 뒤에
"앞으로 무는 절대 안 나를 거예요!"하고 선언했다.
경자 씨는 착하다. 그 뒤로는 무를 보지 못했다.
"무 말고, 비싸고 가벼운 거 있자녀, 더덕 같은 거,

깨 같은 거"
자본주의 사위의 머릿속에서 나오는 게 이 정도밖에.
그 뒤로 정말 (직접 키운 더덕 같은)
저런 게 밥상 위로 나왔다.

쉬운 농사는 하나도 없었다.
모부들은 다 그렇게 살았나 보다.
자식들 편안하길, 잘 되길, 그 한 바람으로.
친구의 모, 경자씨는 쉼 없이 노동해왔고
이제는 쉼을 더 어려워한다는 걸 알았다.

노동중독으로 사람 죽이기

노동중독은 '일중독'으로 읽힌다.

도박이나 술이 중독 분야의 대명사인데

사랑중독, 관계중독, 소비중독, 음식중독…도 있다.

중독이라고 열거된 것들이 중독인지 아닌지를 규정하는

것도 복잡하고 쉬운 일은 아니다.

시대, 문화 맥락에서 상대적이기 때문에

제도권 전문가들이 합의한 기준도 늘 변화해 왔다.

전문가를 맹신하는 '전문가주의'도 주의해야 한다.

(앞표지에 '상담전문가'가 라는 글씨가 있다. 이런 유의 사람도 그렇다, 하는

말이다)

보통 중독은 유독 치료 대상으로 바라보면서

노동중독은 중독이라고 말하지 않는다.

노동중독을 치료의 대상으로 고려하지 않는다.

시간외근무수당을 주면 다행이기는 하나,

화폐를 위해 시간 외로 지속해서 일하다 보면

'중요한 것은 눈에 보이지 않기' 때문에
인생의 중요한 부분을 놓친다.
아이들, 동반자, 친구, 동료, 댕댕이, 냥냥이 같은.
시간외수당 말고도 무형의 칭찬, 인정, 승진 같은
(가짜) 꿀 발린 보상을 펼쳐놓고
'이래도 일 안 할래?'라고 부추기는 시대다.

노동중독은
사람과 관계하는 법, 사랑하는 법,
이성 친구의 마음을 헤아리는 법, 배려하는 법,
마음 나누는 법, 노는 법, 유머하는 법을
'기억상실'하게 하는 중독이다.
노동을 멈추고 난 빈 공간에
나를 채워 넣고, 다른 사람과 다른 생명을
채워 넣는 순서에 대해 기억상실을 한다.
이런 이유로 우울, 불안, 공황을 겪는다.
심하게는 제명에 살지 못한다.
제명에 살더라도 산 것이 아니다.
(살아서는 죽은 것이고, 죽어서야 사는 것이 된다)

그렇기에 노동에 중독되도록 장시간 노동을 설계한
자본주의 착취 시스템에 반대한다.

(세 번째다. 계속해서 나는 반대만 한다)
장시간 노동을 하지 않아도 여유 있는
살림살이가 되도록 복지 지원이 되었어야 한다.
누군가에게 노동은 세상의 괴로움을 잊게 한다.
반복적인 노동으로 현실의 심란함을 잊을 수 있다.
그러나 우리는 끝없이 반복하며 무거운 돌을 정상까지
밀어 올리는 벌을 받은 '시지프스'가 아니다.
우리는 그 벌을 받아야 하는 존재가 아니다.
지혜로운 현자는 고행을 통해서 깨달음을 얻는 것은
아니라고 했다.

괴로움을 노동으로 교환하는 것은
장기적으로는 좋지 않다.
잠시지만 내 마음의 중심을 잡아줄 때,
효율적으로 쓸 수는 있다.
괴로움을 벗어내는 것에 노동이 아닌
운동이든 좋아하는 그 무엇이든
자기에게 잘 맞는 방식을 찾아야 한다.
'벌을 주는 법'이 아닌 '선물을 주는 법'으로 말이다.

자본가들이 직원들의 마음건강을 위해
마음챙김 명상을 꽤 도입하였다.

마음챙김이 얼마나 좋은지는 수행해본 사람들은 안다.
그러나 사람의 결을 손상시키는 나쁜 노동에
마음챙김을 적용하는 것은
편리한 자동차로 과속 질주하는 것과 같다.
근로 환경의 개선 없이
단순 노동을 기계적으로 반복하게 하려고,
'마음챙김'이라는 선물을 악용하지 않았으면 한다.
자본가들이 바라는 것은 노동자들이 마음을 챙겨서
끝도 없이 (무릎이 성한 나이 때까지니 끝이 있긴 하다)
반복적으로 성실하게 일하는 것이겠지만,
우리는 마음챙김을 통해서 꾸역꾸역 깨어날 것이다.

노동이
나를 있게 하고
나 자신을 떠나지 않았고
타자와 연결감을 느끼고
타인을 해롭지 않게 하고
내가 깨어있게 해야 한다.
오늘 하루, 숨을 쉴 수 있도록 해야 한다.

착한 노동은 가능한가

노동을 할수록 비인간 생명체를 죽이거나 환경을
악화시키는가. 과학과 기술이 인간과 비인간 생명체,
환경 모두를 이롭게 할 수 있는가. 이러한 일반화한
질문 자체가 모순적이긴 하지만.

컨베이어 벨트로 상징되는 조립공정 속에서
기계의 속도를 따르려다 보면,
기계 속으로 인간의 삶이 흡수되는 것 같다.
인간은 기계가 아니기 때문에,
피로함과 번아웃 되는 느낌을 겪는 열악한 상황에서
착한 노동을 기대하는 것은 앞뒤가 맞지 않는다.
장시간 노동은 자기를 챙기거나 뒤돌아볼 여유가 없다.
긴 노동은 마음과 몸을 돌보도록 허락하지 않는다.
내면의 고요를 느끼거나 사유할 시간이 사라져 버린다.

오로지 생존을 위해 노동하는데,
오히려 생존을 위협하는 노동으로 전복된다.

인간이 물건처럼 소비되어 인간성을 잃어버리는
절박한 시대에 내던져졌다.
(늘상 듣던 말을 내가 또 하고 있다)

드라마 〈나의 아저씨〉에서 이지안(아이유)의 행동에
"뭐 믿고 파견직이 정규직한테 갑질이냐고~!"라는
대사가 그렇다.
에이, 그건 드라마잖아, 라고 웃어넘길 수 있나.
차별은 괴물의 얼굴을 하고서,
대놓고 돌아다니지 않는다.
되려, 천사 같은 모습으로 가면을 쓰고 있다.
억압에 대항할 수 있는 분노도 숨겨야 한다.
거대 조직에서 착한 노동을 지키면서 사는 일. 쉽지 않다.

◆

내 차는 (좀) 닳았다.
어느 날 안개등이 들어오지 않아 지정 정비소에 들렀다.
정비소에서는 안개등을 갈기 위해서는 연결된 (범퍼) 부분을
통째로 갈아야 한다고 했다.
잠시 고치지 않고 타고 다녔다.
우연히 들른 개인이 운영하는 차량 정비소에서
(진짜) 안개등만 갈아주었다.
감사한 마음에 담배를 태우는 사장님께 몇 갑을

사드리고 왔다. ('더 빨리 죽으란 소리냐'로 들리실지도 모르겠지만)
후에 더한 일이 있었다.

2년 정도 다니던 정비소가
어느 날 사라져 다른 동네에 있는 동일한 회사의
정비소에 들렀다. 그곳 정비 기사님이
"고객님이 다니시던 정비소는 고객을 속여 왔던 것이
적발돼서 폐쇄됐어요." (작은 소리로) 말했다.
폐쇄된 지점에서 마지막 정비를 할 때, 거금이 들어갔다.
당시에 손보라고 한 것의 70%만 했는데도 큰돈이었다.
아, 이런 식으로 고객님은 호갱님으로 소비되고(호의가 계속되
면 둘리인 줄 안다),
이 부품을 생산하느라 들어간 지구 자원과 노동도 소비되
고, 자본주의는 계속해서 더 소비하도록 부추기고,
모든 것을 소비시켜 버리는구나.

나는 정비소의 개인 기사님이 자기 몫을 챙기려다
폐쇄되었다고 생각하지 않는다. (이렇게 믿고 싶다)
앞서 말한 가스라이터들이 한 자리씩 하고 있고,
그들이 개인 기사님들에게 실적 압박을 가했을 것 같다.
기사님은 오히려 고객을 돈으로 만들어야 하는 것에
괴로웠을지도 모른다.
착한 노동은 착취 구조 속에서 불가능했을 것이다.

어디에나 있는 노동, 어디에도 없는 노동

박애 자본주의(처음으로 좋게 말한 자본주의네요)는
장애인이 제품을 만들어 운영하는
사회적 기업, 혹은 마을 기업이나 1인 기업,
가족이 함께하는 서민 가게를 통해 실현되고 있다.

동네 빵집이 망해 없어진 시대에
민들레처럼(민들레 생명력이 좋다고 함)
하나둘 생겨나는 동네 빵집을 보면 반갑다.
특히 노포 식당처럼 지역마다 노포 빵집이 있다.
노포 빵집은 추억의 맛을 느끼게 하고,
시그니처 빵이 또 예술이다.
동네 빵집에는 비건을 표방하며 노 밀가루, 노 설탕,
노 화학방부제를 내건 착한 건강식 빵집이 생겨나고 있다.
이스트를 쓰지 않고 천연발효를 통해
우리밀, 우리쌀로 만드는 빵집이 생겨나고 있어 반갑다.
우리밀은 지역 농부에게도 힘이 되지만

외국 밀에 비해 농약도 적다.

장애인, 귀화 한국인이 만드는 카페, **빵집**도 개성 있다.

가족이나 친척들이 함께 일하며 먹거리를 만드는 가족,

떡, 국수, 조청, 만두, 엿, 김부각, 호떡을 만드는 사람,

시장의 채소집, 커피집, 분식집 등 서민 가게들이 있다.

서민 가게는 보통 정성과 정이 녹아든

좋은 제품, 먹거리를 만들기 위해서 (가족) 직원들과

성질도 내고, 토라지기도 하고, 싸우기도 한다.

그래도 그건 그때뿐이고,

또 함께 일하고, 다독이고, 위로하고, 사과하고,

마음을 나눈다.

나에게 신이 다른 일을 할 수 있는 선택 기회를 준다면,

위 예시 중에서 하고 싶다.

조건은 식구나 친척, 동료 같은

마음 맞추어가며 함께 하는 일이면 된다.

개인적으로 호떡을 좋아해서 호떡집이 1순위다.

그러나 대자본 회사에서는 상상이 잘 안 된다.

성질을 낼 수 있는 것은

평가권, 인사권을 가진 사람이거나, 원청 업체다.

싸움은 일어날 수 없다.
싸움은 심리적으로 기세가 비슷해야 가능한 거니까.
그저 일방적인 억압만 있을 뿐이다.
하지만 가족, 친척, 동료가 모여서 함께 일하는
수많은 현장을 보면 공통점이 있었다.
나이의 위아래, 부모 자식 관계 같은 서열주의가 있을
수 있지만, 대자본 조직처럼 삭막하진 않다.
말할 수 있는 권한, 싸울 수 있는 권한을 모두가
공유했다. 다툼의 바탕에도 애정이 있기에
다시 의기투합이 가능하다.

군대 친구와 같은 가게에서 1년 정도 서빙 일을 했었다.
알던 형의 제안으로 함께 1년 정도 학원 일도 했었다.
앞서 등장했던 택배 노동자 동생도 이 학원에 함께했다.
돌아보면 추억으로 도배할 수 있는 시간이었다.
그때와는 달리 자본기업이라는 공간에서 살아보니,
그런 추억을 생산해내는 것은 거의 불가능한 일이었다.
(좋은 추억도 있기는 하지만)
착한 노동은 거대 시스템에선 거의 불가능해 보였다.

여전히 나는 착한 노동을 꿈꾸고 있다.
마음을 나눌 수 있는 사람들과 함께하는 노동을 꿈꾸고 있다.

김동식 작가처럼 운명이 올 때까지 버텨서 살아남자

옳고 그름을 따지는 도덕주의적 판단, 비교, 평가하기 등과
같은 삶을 소외시키는 대화 방법은
위계적이고 지배적인 사회구조에서 시작되었다.
소수 지배자들이 이 구조를 유지하는 역할을 하고 있다.
자신의 이익을 위해 대다수 인구를 통제하려면
대중들이 노예와 같은 사고구조를 갖도록
교육시키는 것이 필요하다.

　　　　　　　　　　　　-마셜 로젠버그 〈비폭력대화〉-

21년쯤 〈성공한 인생/회색 인간〉을 쓴 주물 노동자였던,
김동식 작가를 (우연히) 케이블 채널에서 보았다.
다큐 형식이었다. (이걸 보기 전에는, 김동식 작가류의 SF소설은 본 적
도 없었고, 현대 소설을 좋아하는 편이 아니었다. 부끄러운 일이다. 학구적이
지도 않은 내가 주로 학술적인 책을 보아왔다니, 도대체 어떻게 살아온 건지)
작가의 삶을 들으며, 묘한 울림이 있었다.
그는 지방에서 알바를 하였고, 서울로 왔다.

서울의 주물공장에서 쇳물을 퍼서 쏟는 반복적인 일로
10년을 살았다. 10년을 일하고 그만둘 수 있었던 것은
일하면서 인터넷에 올린 글들을 모아
책을 내면서 가능했다.
운명처럼 작가로서의 삶을 시작했다.
낮에 걸어 다니며 햇빛을 보는 게
행복하고 바라는 것이라 했다.
낮에 일해도, 어두운 공장 내에서 햇빛 보는 일이
어려웠다고 한다.
무제한 공짜로 받을 수 있는 이 햇빛이
누군가에겐 그리운 빛이었구나, 라는 생각을 했다.
노동자들이 고질적인 비타민D 부족을 겪으며
빛을 받지 못하며 살아가고 있다.
'쇳물 푸는 일을 하지 말자'가 아니다.
쇳물 푸는 노동자를 바라보는 시선과 환경이 문제다.

찰리 채플린은 영화 〈모던타임즈〉에서
우스꽝스러운 노동자로 나온다.
부품이 컨베이어 벨트로 몰려오면 채플린은
단순 작업이지만 쉼 없이 손(발)을 움직여야 한다.
공장에서의 일하던 행동이 강박적인 병리로 이어져,
나사처럼 생긴 것은 모두 조이려 하는 씬이 나온다.

여성의 옷에 달린 장식마저도 돌리려는 웃픈 씬이다.
그 영화가 1936년 작품이었는데,
80년 이상이 흐른 지금과 큰 맥락에서 다르지 않다.

직장에서 매일 하는 일이다 보니,
'쉼'을 해야 할 집에서도 잠들기 전까지
해결하지 않았거나, 부족하다고 생각하거나,
불완전하다고 생각하는 것을 생각한다.
자신도 모르게 강박적으로
일 생각을 하고 있을지 모른다.
'침투적 사고'라고 부르는 강박적 사고는
원하지 않는 데에도 계속 생각이 떠올라,
편안한 '쉼'을 방해하는 것을 뜻한다.
일에 대한 불안, 걱정으로 잠들 수 없는 밤,
불면의 밤을 겪는다.

우리가 좋아하는 활동, 여가를 해야 하는 이유다.
침투하는 생각을 알아차리는 '마음챙김' 연습도 좋지만
우선 당장 마음챙김을 배울 수 없을 때는
걷기, 조깅, 운동, 게임, 친구들 만나서 이야기 나누기,
영화 보기, 음악 듣기, 노래 부르기, 그림 그리기,
일기 쓰기, 유머 짤 보기도 괜찮다.

여가로써 흥미가 끌리는 활동을 하면 도움이 된다.
평온해지는 길에는 홀로 사색하는 시간이나
함께 나누는 시간 둘 다 도움이 된다.
아무튼 다시 김동식 작가 얘기로 끝내겠다.
평생을 하게 될 수도 있었던 철의 노동자에서,
작가의 삶을 살게 된 김동식 작가의 운명이 오묘하다.
우연히 발견한 길이지만, 이미 계획돼 있었던 것처럼.
작가들도 고된 노동을 녹여내는
글의 노동자일 수 있지만(아마도 대부분),
철의 노동자와는 다른 세상의 삶이다.

그가 이번 생에서 자기를 찾아내고
자기를 만나게 되는 삶의 궤적이 펼쳐졌다.
우리도 자기와 만나는 일을 할 수 있기를,
우리도 이번 생에 그런 운명 같은
잔잔한 지복이 내려지기를,
소원한다.

"

화폐를 위로하는 정의

"

돈은 선한 사람과 연결될 때 빛난다

나는 '몸'이라는 물리적 실체가 있다.

이 몸에 들어가는 돈이 어마하다.

(화폐적 자유를 이번 생에 깨닫기는 글러먹은 듯)

화폐의 도움으로 수련과 공부를 해 온 것이지만,

상담 공부니까 내가 성장함으로

타인을 돕는 것이라 믿었다.

착각이었다.

내 한 몸 잘 먹고 잘 사는 것, 아닌가.

상담 훈련에 돈과 시간을 부었기 때문에

'정의'를 만나게 된 여기까지 온 건지는 알 수 없다.

겨우 알아차린 건,

돈, 이라는 게 공동선을 향하도록 쓰여야 한다고.

(공동선이라니⋯ 이런, 갈 길이 멀다)

내 원가족에서 화폐의 위치는 차가움이었다.

먹고사는 생존의 해결이 불안했을 모부는

사람들과 마찬가지로 가족을 위해(서였겠지만)

돈의 위치를 1순위로 놓았다.

그러는 사이 가족 간의 오고 감은 빡빡해지기 시작했다.

개구리가 서서히 뜨거워지는 물에 있으면 죽을 때까지

모른다는 '삶은 개구리 증후군'에 걸려들었다.

(튀어나와 잘 도망치는 개구리도 있다고 한다)

우리 가족에게도 오랜 시간 누적되어 온 결과였다.

그래서 나의 가족해체(모여를 그리워하고 있는 1인)의 원흉을

화폐로 지목했다.

화폐는 죄가 없을 것이다.

누가 어떻게 쓰냐에 따라 선이 되기도 악이 되기도 한다.

돈은 선한 이를 연결하는 도구일 때 빛난다.

돈은 가족, 친구, 동료를 등치는 게 아니라

등 두드려주는 도구가 될 때 빛난다.

자신의 소소한 평화를 위해 쓰는 것도 좋다.

타인의 소소한 평화를 위해 쓰는 것도 좋다.

이 두 평화는

단어가 설명할 수 없는 다른 안온한 느낌이다.

화폐로 플렉스하면 행복해질 수 있을까

'무수저에서 황금수저 되었다'는 풍의 책은 많다.
가상화폐, 주식, 부동산으로 부를 거머쥔
인생 역전 다큐를 쓴 사람이 있다.
대부분 부자의 결과는 내적 요인이 아닌
'운(운명)'같은 외적 요인이다. (기업가의 집에서 태어났는가, 소수
민족의 집에서 태어났는가, 태어남이 운명이듯이)
역으로, 쌓아 올린 '부'가 순식간에 허물어지는 것도
운, 같은 외적 요인이다. (전쟁, 인재, 자연재해로 생명을 잃기도, 금
융위기로 부도가 나는 것도)

'부'와 '빈'은 태어난 나라(와 시대), 민족, 지역, 지능, 살아가
면서 인연을 맺는 사람 등.
헤아릴 수 없는 외적 요인이라는 운명에 따른다.
그래서 '부자들의 습관'이라는 말은
개인의 노력을 강조한 말이지만
외적인 변수를 고려하지 않은 편견 어린 말이다.

빈자들의 습관이 따로 있는 것이 아니듯.

부를 증식하는 방법과 결과는 많다. (그 방식이 누구에게나 통할 것이라는 생각은 환상이지만)

그러나 돈 버는 방법 중심의 책들은 실제 삶의 평화를 증식시키는지는 알기 어렵다.

화폐가 어떻게 나와 사람들을 살아있게 하는지에 대해 방법과 결과를 말해주는 책은 손쉽게 찾기 어렵다.

(박정미 작가의 '0원으로 사는 삶' 같은 책은 어렵사리(?) 찾아내야 한다)

이제 우리 삶은 직업의 위치성과 화폐의 양으로 성공과 실패를 판정받는다.

이런 화폐적 판단은 모두를 불안하게 만든다.

성공으로 판정받든 실패로 판정받든 불안의 무게감에게 자유로울 수 없다.

성공으로 판별된 사람은 성공을 유지시키기 위해 질주해야 하는 불안을 겪는다.

실패로 꼬리표 받은 사람은 시선 모욕을 겪거나 인정 박탈을 겪는다.

(위축감과 좌절감은 보너스)

둘 다 결국은 불안의 무게감에서 벗어날 수는 없다.

성공을 지속해야 하는 불안.

실패를 벗어나기 위한 불안.

오로지 화폐로 환원되는 상품이라는 욕망을 통해
나를 채우는 것만이 유일한 목적인 삶은
허기진 느낌을 끌어당긴다.

잠드는 순간까지 매일의 노동으로 무언가를
소유하려 한다. 상품주의는 곧 화폐주의다.
화폐를 통하여 더 많은 상품을 소유하고,
더 많이 소비하는 걸 원하도록 부추긴다.
부추김은 노동 착취를 반복하는 극심한 경쟁 속으로
쉼 없이 시달리게 한다.
여기에 저항 없는 삶은 경쟁이라는 긴 마라톤 경주이다.
마라톤 경주는 낙오자를 만들 수밖에 없고
'이번 생은 폭망했다'는 생각을 주입시킨다.
우울과 불안이라는 마음의 병을 가지고 살도록 한다.

축적하는 이유가 타자와 연결된 의식을 가지지 않으면
축적은 탐욕으로 변질된다.
탐욕은 결국 자기를 소외시키는 길을 향한다.
소외된 길은 외롭기 때문에,
외로움, 공허감, 불안감을 벗어나기 위해,
도박이나 마약 같은 악순환의 자기 소외를 순회한다.
홈쇼핑 미디어는 인본주의 심리학자 '매슬로우'가 말한

생리, 안전, 소속감, 인정, 자기실현이라는
모든 욕구를 자극한다.
어디까지 건강한 욕구이고
어디부터 허망한 욕구인지 경계를 흩트려 놓는다.
쇼호스트의 진정성에 의구심이 갈 즈음
'이 물건은 어떠한 분에게는 맞지 않는다.'라며
진정성까지도 마케팅 수단으로 도구화시킨다.
'우리 물건을 사지 마세요~'로 들리지만
이 물건이 없으면 당신은 유행에 뒤처진 사람이거나,
이렇게 쌈박한 물건을 놓치면 멍청한 사람으로 읽힌다.

가진 자가 가지지 못한 자를 모욕하거든
반사할 힘을 가져야 한다.
그 반사는 '가진 자가 부럽지가 않다는 것'을 포함한다.
장기하의 노래 '부럽지가 않어'를 불러주라.
세상에 전혀 부러운 게 없다는 말이 아니다.
부러워하지 않아도 될 것들이 많다.
잘 찾을 수만 있다면, 내가 (나만이) 가진 것이 많다.

위로는 팔지도 않지만, 살 수도 없다

화폐주의는 기－승－전－화폐, 를 말한다.
오로지 삶의 중심과 판단은 화폐적 사고(사람을 만날 때도 돈이
되는 사람이냐 아니냐)다. 이렇게만
사고하도록 가스라이팅 한 것이 화폐자본주의다.

대자본 기업은 이익 우선주의라는 슬로건 아래
노동자, 소시민의 건강, 자연의 건강에는 관심이 없다.
요즘은 기업 활동에
'환경, 사회, 투명 경영' 같은 표어를 만들었다.
그래도 이익을 1순위로 하는 기업 문화가 친환경,
친자연으로 바뀌는 것은 역사적으로 드문 일이었다.

(사람도 지구도 죽이는) 유해물질을 최소화하는
안전한 환경에서 일할 수 있도록 해야 한다.
장시간 서서 하는 일은 허리 통증이나,
하지정맥류가 걸리지 않도록 배려해야 한다.

공장 굴뚝 연기와 오염수를 정화하는 시설에 마음을
기울여야 한다.

동물을 착취하지 않고, 동물의 고통을 최소화하는 시설과
제품을 만들어야 한다. (동물 제품이란 단어를 사용해서 미안하다. 이
런 걸 생각하면, 키에르케고르적인 암울함이 또 떠오른다) 그런데 이 모
든 것이 수익을 저해하는 비용이라는 이유로 침묵해 왔다.

화폐적 사고만을 하도록 길러진 사람들은
가스라이터로 성장하게 될 가능성이 커진다.
여러 형태의 피싱(사기), 돈을 빌리고 떼어먹음,
밀수품 거래, 식품 원산지를 속임, 불법 다단계 판매,
불량 제품 판매. 사람들 간의 속임은 끝없이 진화했다.
드넓은 자본시장의 미묘한 속임까지 포함한다면
'속임 공화국'에 살아가는 셈이다.
결국 세상에 대한 불신감과 사람에 대한 불신감은
화폐라는 존재에게 징역이라는 유죄를 선고한 셈이다.

'화폐 고통'을 피하고자 많은 사람은 전력 질주해서
살거나 아니면 잉여인간이 되어 무력하게 산다.
화폐 고통을 당한 사람 중에는
(TV 프로) '나는 자연인이다'로 상징되는 자연인이
되어 행복을 회복하는 사람도 있다.

고통을 회피하지 않고, 정면으로 마주하게 되는
우연을 만났을 때, 오히려 사람다워질 수 있다.
화폐 고통을 피하려고 돈만 수집하다 보면
가족, 친척, 동료, 친구, 냥냥이, 댕댕이는
늘 내 주변에 있지만 있지 않은 것처럼 대한다.
이들과 이별을 통해 또 다른 고통이 따라온다.
이별은 헤어진다는 뜻보다는 일에 집중하다 보면
정작 중요한 대상과 정을 쌓지 못해서
오히려 어색해지고 불편해진다, 는 의미다.

화폐가 편리함을 줄 수도 있지만
다른 사람의 부러움도 살 수는 있지만(부러움을 받는 것은 자존
감과는 그다지 관련이 없지만),
진심으로 사람의 온기를 살 수는 없다.

한 끼에 몇 만 원짜리 음식을 사주고 부러움을
살 수는 있다. 허름한 식당에서 홀로 장사하는
할머니가 내어주는 음식으로 한 끼 식사를 먹고 나서,
할머니가 건네는 '고맙네'라는 진심 녹은 말은
살 수 없다. 할머니의 생활에 미세한 위로가 되었다는
잔잔함 같은 건 느낄 수 없다.
위로는 팔지도 않지만, 살 수도 없다.

화폐 자본주의가 조용한 불안 트라우마를 주입시키다

화폐 자본주의 매트릭스에서 화폐는 숭배의 대상이 된다.
정신장애 중 '저장장애'가 있다.
거주지에 쓰레기 같은 것을 쌓아놓고,
강박적인 축적을 하는 '호더'라 불리는 장애다.
쓰레기 같은 물건이 모두 자신에게는 필요하고
중요한 물건이라면서 버리지 못하는 강박 저장,
혹은 필요하지 않은 물건을 수집하여 거주지에 모으는
강박 수집을 하는 것이다.

그런데 필요 이상으로 화폐를 (강박적으로) 수집하거나
저장하며, 다 쓰지도 못하고 죽을 만큼의 돈을 숨겨놓거나
저장해두는 것을 '저장장애'로 진단하지는 않는다. (이상하지
않은가? 나만 이상한가 보다)
그래서 쓰지 못하고 남은 큰 돈을 자식에게 물려주기
위해 조세 회피 방법을 공부하기도 한다.
불필요한 수십 채의 집을 수집하고 저장하는 것에는

면죄부를 준다.

그러나 '저장장애'의 바닥에는 '불안'이 살고 있다.

('화폐 저장장애'도 '불안'과 함께 살아가는 중입니다)

저장장애 같은 강박장애의 핵심감정은 불안이다.

강박적 화폐 사고에 사로잡히면, 불안에 저당 잡힌다.

화폐주의의 해악은 '불안장애'를 일으키는 것이다.

부를 축적하지 않으면, 사람들에게 받을 무시가 두렵다.

외톨이가 될까 봐 두렵다.

가족이나 주변 사람들에게 '돈도 안 벌고 뭐하냐'는

마음 상하는 말을 들을까 괴롭다.

불안을 스멀스멀 불러오는 자극들이다.

돈이 없으면 사람다운 삶을 살 수 없다는 것이

요즘 생각의 기본값이다.

그러니 사람 취급을 받지 못할 상황에 맞닿을 것 같은

불안감을 느낄 수밖에 없다.

일시적인 불안감이 아니라, 화폐 중심적으로 움직이는

사회 속에서 불안은 누적되고, 지속된다.

그동안에 불안장애를 개인의 문제와 책임으로

전가해왔다. 개인의 취약함과 나약함으로 비난해 왔다.

그러나 사회 구조와 인식 같은 보이지 않는

차별적 문화가 불안에 물을 주며 키워왔다.
이 시대의 불안장애는 내가 나약해서가 아니라
사회, 제도, 자본회사가 나를 제대로 돌보지 않아서다.
자본가들은 세계 경제가 어려우니,
고삐를 늦추면 안 된다며 365일을 말해왔다.
(그것도 몇 십 년 동안 우려먹은 말이다. 그래서 다른 풋풋한 '프로파간다'로
가스라이팅 해주었으면 좋겠다. 파이팅(싸울 일도 없는데)을 외쳐대는 분위
기가 난 좀 별로다. 싸움만 하다 죽을 수는 없지 않나 싶다)
안도감을 주기는커녕, 불안만 가스라이팅했다.
불확실한 앞날을 각자가 견디고 해결해라, 라고 해왔다.

불안의 원천이 화폐의 양으로 기울어지게 된 배경을
되돌려 가야 한다.
화폐의 양이 기준이 된 이상 불법, 경쟁, 속임이
널린 시대가 되었다.
시대의 공기가 사람과 사람 사이를 멀어지게 하는 한,
그래서 불법 사회, 경쟁 사회, 속임 사회가 지속되는 한,
불안은 사라질 수 없다.

나와 친구들이 안도감을 상실하지 않도록
서로의 위로자, 가 되기 바란다.
일을 쉬고 있더라도

화폐를 수집하지 못하더라도

내가 여기 함께 있을게, 라고 말해주자.

마음 저장장애

톨스토이가 만든 캐릭터 '이반 일리치'처럼
죽는다고 상상해보면, 그만큼 추운 죽음이 있을까.
가족들은 이반 일리치의 죽음이 슬픈 것이 아니라,
돈을 벌어다 주는 남편이자 아빠인
그가 사라지는 것을 불안해한다.

인간은 세상으로 던져졌기에, 미래가 불확실한 건
숙명이다. 불확실함은 희망의 다른 이름이다.
미래를 불행하게 예상하는 것은
불안에게 보약을 주는 것이다.
최악의 상황에서도 희망은 있다.
희망은 편안할 때 보이는 것이 아니라
불안할 때 나타나는 수호천사다.

화폐를 나와 나가 연결하는 데 쓰고,
타인과 접속하는 데 쓸 수 있는 지혜와 감성이

평온의 길로 들어서게 한다.

뜨끈한 마음, 다정함, 배려를 수집하고 저장하는
'마음 저장장애'인 사람이 널려있는 세상.

얼마나 불안, 근심 없이 편안할까.

그런 세상을 상상해 본다.

우리가 돈이 없지, 가오가 없냐

관계마저도 화폐로 치환되어버렸다.
친한 '척'하는 것은 그 사람이 화폐 권력을
가지고 있거나 가질 가능성이 높은 사람일 경우다.
힘의 욕구를 채워주거나 승진 또는 사업 때문이다.
대인관계마저도 경제 가치로 계산된 시대에 살고 있다.

우리는 알고 있다.
'척'하는 관계가 많을수록,
외로워지고 우울해진다는 것을.
잘 나가지 않거나, 돈이 없거나, 백수로 살고 있지만
여전히 나의 존재와 가치를 인정해주고
함께 시간과 마음을 나누어 주는 사람이 인연이다.
참인연을 가지고 있다면
외로움이나 우울감이 있을 공간은 작다.

화폐가 있어서 편리할 수는 있다.

편리함이 안락감이나 잠시의 평온함을 줄 수도 있다.
그러나 편리함이나 안락감이
연민, 사랑, 연결감을 보장하지 않는다.
돈으로는 사람의 온기와 평화를 살 수 없다.
오히려 돈으로 인해 갈등, 분쟁을 불러오고
심하게는 제명에 살지 못하는 경우도 허다하다.

우리가 돈은 없을 수 있다.
그러나 가오가 없는 것은 아니다.
이건 내가 지켜낼 수 있다.
그러니 가오를 지키며 살자.
우리가 돈이 없지, 가오가 없냐

물질 화폐가 어떻게 우리의 친절을 죽였나

옥스퍼드 대학의 철학 교수인 베벌리 클락은
〈실패에 대하여〉에서 말한다.
신자유주의 체제처럼 모든 것이 경제적 가치로
축소될 때는 좋은 삶을 향한 고군분투마저 왜곡된다. (…)
성공과 실패는 성취와 성과에 따라 측정된다.
이런 식으로 자아실현의 점수를 매길 때,
사람은 이제 친구나 이웃으로 여겨지지 않고,
그저 인생이란 게임의 경쟁자로 생각될 뿐이다. (…)
인간의 불완전함을 삶의 일부로 보고 큰 실패를 겪어도
끝이 아니라는 사실을 깨닫는 의지가 필요하다.

어느 날 나는 물질 화폐(스마트 디바이스 같은)가
풍부해졌는데도
오히려 사람 간 소외가 일어났는지 생각해보았다.
내비게이션 혹은 스마트폰이 일상화되기 전에는
여행을 가거나, 어떤 목적지를 가야 할 때

나는 종종, 길을 가는 사람을 붙잡고 물어보는
사람이었다. 그게 어린아이든, 학생이든, 할머니든.
몰라서 모른다는 사람은 있어도 욕을 하는 사람은
한 명도 없었다. 손발을 동원해서 설명해주는 사람도
있었다. 그러고 나면, 고오맙습니다, 가 자동으로 나온다.
만일 돈 받고 알려주면, 고마움을 느낄 공간이 있을까.
짧은 만남이지만, 오고 가는 보이지 않는 무엇이 있다.
요즘 시대에 길 물어보면 이상한 눈으로 쳐다볼 듯싶다.

누군가가 좋은 삶을 위해 지도앱을 만들어냈을 것이다.
그러나 지도 앱이 사람과 사람 사이의 접촉에
벽을 쌓는 결과가 되어버렸다.
지도 앱과 내비게이션은 죄가 없다.
그러나 사람들 간에 나누었던 친절함을 경계심으로
전복시켰다.

(사람이 서로 만나면서 느끼는)
접촉 위로는 사라졌다.
분리 불안이 살아났다.

내가 살아있음은
다른 사람에게 정감을 받을 때,

다른 사람에게 정감을 줄 때,
느낄 수 있는 감정이다.

능력을 위로하는 정의

능력이 아닙니다. 운입니다

나는 (이 책을 쓰고 있는) 아직까지는 교수로 먹고 산다.
이걸로 먹고 살아가기 전에는 대자본 회사에 있었다.
회사에서 약 4년 일하는 동안 다른 회사로 이직하기 위해,
14번의 시도를 했다.
서류에서 광탈한 두 번을 빼면,
12번의 면접과 11번의 탈락을 맛보았다.
막상 관상을 보아하니 영 맘에 들지 않는다는 걸,
11번 탈락을 통해 (탈락 통보도 주지 않았던 곳을 포함하여
친절하게) 확인해주셨다.
1번의 합격도 지원자가 적었고, 지방 기업이라는
요인이 있었다. (합격 통지 후 임원(이라는 사람)을 만났을 때, 상담자가
개인 상담실에서 무엇을 하고 있는지 모르니, 평소에는 다른 사무직원들이
모여 있는 자리에서 근무하라,는 말에 가지 않기로 했다. 이게 이유가 될지
의아한 분도 있겠지만)
첫 합격을 끝으로, 합격한 회사로도 이직하지 않았고,
이직의 희망을 포기했다.

20번이 넘게 학교 교수 면접만 보았던
같은 상담 분야의 형님이 거의 구직 포기에 이를 즈음,
운명처럼 가족과 떨어지지 않아도 되는
지역 대학의 교수로 갔다. 연구실로 놀러 가선
"형님~ 잘됐네요~" 하며, 속마음을 나누었다.

그 뒤로 몇 달 지나서, 형님에게 톡이 왔다.
교수 채용 공고였다. 서류 마감은 3일 정도 남아있었다.
교수 채용은 서류 준비가 많았다.
정신없이 준비해서, 자기소개서 등이 '참 허접하다'고
생각했는데, 1차 면접이 붙었다.
기대 없던 기대가 생겨나며
처음 지원한 대학이면서 최종 합격한 곳이
현재 일하고 있는 곳이다.
대자본 회사에 있었던 것도, 지금의 지방대학이라도
일하게 된 게, 내가 능력 있어서, 라고 생각하지 않는다.
오히려 (세상이 말하는) 능력이 없기 때문에 이곳에 있다.
(조직에서 일해보지 못했더라면, 조직에 대한 환상을 가지고 살았을지도 모
르지만)
조선시대, 여성, 저신장 등 내가 선택할 수 없는
많은 우연으로 여기까지 왔다.
이 경험은 대단한 것이 아니지만,

세상의 기울어짐을 직면했다.

자기다움을 발견하는 것은 시대 구조 때문에

누구에게나 기본값으로 주어지지 않는다.

운명에 이끌려 발견해 가는 과정이 있었다.

몇 십 번, 직장의 탈락과 합격은 능력과는 상관이 없었다.

나에게 벌어졌던 일의 운명이었다.

그저 운명의 일부분이었다.

해변의 모래알 같은 사람들 사이에서 벌어지는

설명할 수 없는 신의 계획이었다.

능력주의는 환상이다.

내가 생각하는 능력은 남들이 알아주는 조직에서

일하는 것이 아니다. 소속이 없을지라도

자기답게, 자기다운 일로 삶을 살아가는

자유 노동자가 (진짜) 능력자라고 생각한다.

내 언어로는 '백수'라고 한다. 자기다운 백수.

자기 소명을 이해하고 있어서 자기답게 살아가는 것.

소소하더라도 잔잔하게

자기 삶에 의미를 느낄 수 있는 것이 능력이다.

타인 삶에 도움도 되면서

자기 삶도 평화로움을 유지할 수 있는 것이 찐능력이다.

다중지능이론을 거부한 능력주의

돈을 잘 벌든, 기술에 관련된 일이든
국가나 기업, 사회에서 요청하는 능력을 기르는 것을
능력이라 생각한다. (내가 아니라 세상이요)

가드너의 다중지능이론*을 들먹이지 않더라도
다양한 지능 중 하나든 둘이든 셋이든
남들과 다른 지능을 가지고 태어난다.
그런데 자본주의는 숫자 놀이를 태생적으로
좋아하기 때문에,
수리 지능을 높은 값에 쳐준다.
전쟁도 두 팔 걷고 거들었다.
국가주의, 군사주의, 자본주의가 서로 이득이 맞아
패거리가 되었다.
전쟁 무기를 개발하는 '수리 지능'에 몽땅 힘을 실어주었다.

수학을 만점 받으면 천재라 부르지만, 기타를 잘 치면

'굶어 죽기 딱이다'는 그림자 차별을 받는다.
자본주의는 언어지능, 신체－운동 지능, 음악 지능,
예술 지능, 대인 지능이 타고난 능력자들에게서
돈 되는 일부 운동이나 예술, 문학만을 이용한다.

(세상살이에) 암기력이 좋으면 유리하지만,
'정'이 많으면 불리하다.

자본주의는 무언가 돈이 되는,
자본 이익이 되는 것은 무엇이든 덤벼들 준비가 되어
있다. 특수하게 돈이 될 것 같은 것 외에는 관심이 없다.

타고나는 지능조차도 자본에 의해 재단되어
쓸모 있는 재능과 쓸모없는 재능으로 분리하고
돈이 안 되는 재능은 폐기 처분한다. (내 의지나 타고난 능력과
상관없이)

---

*다중지능이론: 미국 하버드대 심리학과 하워드 가드너 교수가
제시. 인간은 IQ와 같은 한 가지 지능만 가진 것이 아니라 여러
지능이 있다는 이론. 언어 지능, 논리-수학 지능, 공간 지능, 신
체-운동 지능, 음악 지능, 개인 내 지능, 자연주의 지능, 대인관
계 지능을 제시함.

다중지능이론이 제시하는 다양한 지능,
그리고 연구되지 않은 더 수많은 지능이 있음에도
불구하고, 자본주의가 요구하는 지능만을 가지도록
가스라이팅 당하는 시대다.

능력이 '있다, 없다, 좋다, 나쁘다'는 식의 평가는
등급에 따라 값이 달라지는 소고기 등급 취급하는
것과 동일하다.
'능력주의 등급'은 소고기 등급과 유사한 게
하나 더 있다. 소고기는 등급이 높을수록
실제로 건강에 불리한 마블링(기름)이 많다.
'능력주의 등급' 환상에 빠질수록
마음은 더 고통받는다.

좋아하는 일로는 수입이 부족해, 다른 일로 먹고사는
노래(음악) 하는 이, 그림(예술) 하는 이, 글 쓰는 이,
춤추는 이가 능력 없는 것이 아니다.

우리가 타고난 다중 지능, 재능, 능력이 무엇인지
찾을 수 있길 바란다.
세상이 칭찬하는 재능이 아니더라도 말이다.
이것과 만날 수 있을 때,

차갑고 차별적인 능력만 재단하는 이곳에서
우리가 버티고 견뎌낼 수 있는 희망을 만날 수 있다.

능력주의는 신기루다

작가, 철학자인 버트런드 러셀은
〈게으름에 대한 찬양〉에서 말한다.
인간을 자원으로 보게 되는 것이 바로 자본 권력이
원하는 '능력주의'라는 환상을 세뇌시킨 것으로 보았다.

자본가들에 의해 죽도록 일을 해야만 겨우 집 한 채를
마련하고 이마저도 수저론이 결정한다.
거대 자본은 막대한 이익잉여금을 내부적으로
쌓아둔 채, 사람들에게는 오로지 노동의 성실만을
강요한다. '성실함'이라는 그럴듯한 언어 가스라이팅을
통해, 성실한 노동, 즉 자본가를 위한 노동을 능력이라
믿도록 만들었다.

능력의 기술만을 연마하도록 내몰아진 우리에게
공허, 불안, 우울을 성과급으로 주고 있다. (진짜다)
성과를 내기 위해서는 더 많은 일을 할 수밖에 없다.

성과라는 것은 지속 상승이 불가능하기 때문에
언젠가는 떨어질 성과에 불안을 겪을 수밖에 없다.
우습지만, 결국 성과를 낼수록 더 많이 받는 성과급은
불안이다.
(생각해보면) 공허감, 우울감, 불안감은 우리 개인의
능력 문제가 아니라
이런 공기를 내뿜는 사회 구조와 조직 문화의 문제다.
그나마 자기의 생산력이 증명된 사람은
그러한 자본가의 편에 흡수되어가며
소비력으로 만성적 공허감을 채우려 할지 모른다.
VIP 고객으로 추앙되는 계층구조 속에서 접대받는
우월감과 명품으로 자신을 포장해야만
겨우 내적 공허와 낮은 자존감을 가릴 수 있게 된다.
사치품을 명품이라는 단어로 바꾸어
소비 욕망을 부추긴 것 역시 교묘하게 가스라이팅 했다.

개인의 성공 서사는
성별 자본, 외모 자본, 몸매 자본, 지능 자본과
함께한다. 이 요인들은 개인적인 요인이지만,
통제할 수 없는 운과 같은 요인이다.

사업이 번창했다가도, 경제 위기나 감염병의 유행으로

순식간에 빚을 지기도 한다.

자고 일어나니, 복을 받기도 한다.

부모나 가족의 경제 위치, 살아가면서 만나는

타인이라는 대인관계(대인관계도 부자는 부자들과 연결될 가능성이 많

다) 같은, 노력이나 능력이라고 부를 수 없는

어마무시한 요인들과 연결되어 있다.

이러한 배경을 볼 수 있으면 좋겠다.

성공 담론은 든든한 배경이 아닌 열악한 배경을 가지고

태어난 사람들이, 자기실현과 성공의 모델로

동일시하며 따라 할 수가 없다.

따라 해보려 해도, 안 되는 이유는 바로 이러한 던져진

요인이 어마어마한 차이가 있어서다.

성공 담론은 약자 배경을 가지고 태어난 이들에게는

더욱 소외를 느끼게 한다.

그리고 노력도 안 하고, 능력도 없는 사람이라는

멸시적 시선을 받으면서 견디는 삶을 살게 한다.

돈으로 성공을 정의한다면,

번화가의 땅과 건물을 소유한 부모가 있고,

그 땅과 건물의 임대수익으로 살아가는 자녀가 있다면

이 자녀는 (능력과 무관한) 성공으로 정의된다.

이 시대의 (사람들이 말하는) 성공은 거의 정해져 있다.
(스트레이트 플러쉬가 뜰 만큼 희박한 가능성일지도 모른다. 포커 규칙을 모
르신다면 어쩔 수 없지만)
정해지지 않은 일부의 성공은 시절인연으로 만난
운명이다.

성공담론의 신기루를 바라보고,
기울어진 시대를 바라볼 수 있는 눈이 필요하다.
이것도 내 평화를 위한 일이다.
만일 우리가 사회적, 경제적 약자일지라도
우리가 능력이 없어서가 아님을 알기 바란다.

능력 증명 시대의 허상

대학에서 업무 중 하나는 입시 평가다.

입시 면접 장면에 있었던 일이다.

생활기록부의 독서 활동에 여러 책 목록이 적혀있었고,

그중 하나는 〈죽고 싶지만 떡볶이는 먹고 싶어〉였다.

보았던 책이라서, 그 학생의 느낌이나 생각은

어떠했는지 싶었다. 학생은 책을 알고 있지 않았다.

(제목을 기억하지 못해 보였다) 소감은 들을 수 없었다. ('긴장해서'일

수도 있다)

그리고 고교시절에 기록되는 봉사 기관의 시간이다.

봉사는 봉사하는 사람과 봉사를 받는 사람 모두

살아있는 느낌이 들게 하는 행동이지 않은가.

고교 때 그 많던 봉사 시간과 경험은 어른이 되면

사라진다. 봉사가 평가로 변질되었을 때,

사람에게 도움을 주었던 추억도 조작된다.

고교생들이 자기의 능력을 서류에 새긴다는 것이

고된 시간이겠지만, 서류의 허망함을 본다.

인간성과 능력을 서류나 글씨로 증명할 수 없다. (그럴 수 있다고 생각할 뿐이다. 수영이나 자전거 타기를 책으로 공부한다고 할 수 있는 게 아니듯)

능력은 숫자로 보여지지만
거품처럼 늘 과장된다.
자동차 연비, 아파트나 건물의 성능 등급처럼 말이다.
숫자는 그럴싸해 보이도록 하지만,
실제는 늘 (속이 빈) 봉지과자 속 질소 같다.

우리는 글씨나 서류로 증명되지 않는('증명할 수 있는'이 아닌)
존재다.
혹여 그런 증명에서 벗어나더라도
자기를 믿어주길 바란다.
당신은 질소가 아니라고.
당신의 운명이 당신을 증명해 줄 것이라고.

수치심을 강요하는 시대

공부를 못하면
좋은 학교에 다니지 못하면
취업을 못 하면
결혼을 못 하면
돈을 못 벌면
임대 아파트에 살고 있으면
수치심을 느끼도록 강요받는다.

사회가 요구하는 결과를 얻지 못했지만
나름의 자기다움을 가지고 살아가는 사람조차도
지속적인 수치심을 느끼도록 자극한다.

진정성을 놓치고 살 때, 진솔하지 못했을 때
누군가를 돕지 못했을 때
느낄 수 있는 수치심은
나를 성장시키기에 건강한 수치심이다.

그런데 오히려 이러한 건강한 수치심은 절단되었다.
느껴야 할 수치심을 느끼지 않도록 만드는 것이
가스라이터를 만들어내는 문화가 된다.
가스라이터들은 부끄러운 행동을 한 것에 대해 느껴야 할
건강한 수치심을 느끼지 않는다. (정확하게는, 느끼지 못한다)
오히려 자기 잘못을 인정하는 것 대신에 약자에게
모욕감을 줌으로써 자신의 우월감을 드러내고 싶어 한다.
이들이 만들어 낸 바이러스를 퍼트리고 다닌다.

바이러스를 받아들인 사람은 수치심의
전수자로 감염된다. 자동화된 편견 섞인 생각을
퍼트리고, 사유 없이 받아들인다.
스스로 다른 사람이 가진 것을 나도 가져야 하는 것처럼
비교한다. 다른 사람들이 세워놓은 기준(직업, 능력)에 미달했
다고 생각한다.
이러한 생각을 하도록 가스라이팅해서,
느끼도록 만드는 수치심은 건강하지 않은 감정이다.

수치심을 느끼도록 만드는 문화는
그 수치심의 전수자이면서 생산자가 되게 할 수 있다.
그렇게 된다면 결국 수치심이라는 덫에서
자기 자신도 빠져나오지 못한 채

평생 버둥거리며 살게 된다.

나를 지키는 한 가지 방법은
기울어진 사고를 하는 사람들이 주는
수치심을 '반사'할 줄 아는 센스를 장착해야 한다.

우리는 돈이나, 비싼 물건, 넓은 집, 외모, 성적으로
설명되는 존재,
세상의 외부 기준으로 설명되는 존재가 아니다.

내가 다른 사람이나 세상이 만들어 놓은 기준이 아니라,
내면의 진정 어린 목소리를 반영한 기준대로 살려고
할 때, 수치심으로부터 자유로워질 수 있다.

무능력이란 사람을 사랑하지 못하는 것

한 유튜버가 있다.

이 유튜버는 자신의 영상에서 중학교를 졸업한 뒤

10대 후반에 집을 나와 공장에서 일하고,

고등학교는 그 뒤에 검정고시로 취득하였다고 했다.

그는 고시원에 7년 정도 살았다.

그곳에서 유튜브에 고시원 생활을 올렸던 영상에

악플이 (많이) 달렸다고 한다. 그중에서

"얼마나 못 배우고 찌질하면, 나이 처먹고 고시원에 사냐.

망한 인생", "이 사람처럼 안 되려면 열심히 공부해서 좋은

대학에 가야겠다"가 기억난다고 했다.

이 유튜버는 자신이 운영하는 유튜브와 관련된 일만

하고 있다.

2021년에 40대 후반이 되어서,

고시원에서 작은 원룸으로 이사했다.

그 뒤로도 구독자가 꾸준히 늘어난 만큼

악플도 함께 많아졌을 것이다.

그래도 꿋꿋하게 일상의 포근함과 잔잔함을 느끼게
하는 영상을 올리고 있다.
누구의 마음이 평화를 경험할 수 있는 마음일까.
악플을 쓴 사람의 마음은 비아냥 섞인 혐오 감정으로,
스스로가 불행한 마음 상태를 자처하고 있다.
악플러들이 약자에 대한 잔잔한 마음을 느낄 수
있을 때, 그때 오는 평온함을 알 수 있길 바란다.

'정상 교육, 정상 궤도, 정상 직장'이라고
생각하는 틀로부터 자신을 구속하지 않을 때,
부적응적인 불안과 혐오 감정에서 벗어날 수 있다.
돈을 수집하는 능력이 좋으면 능력 있는 것.
마음을 수집하는 능력이 좋으면
'아무것도 아닌 것'이 된다.
세상은 스펙이 없거나, 자격증이 없거나,
직장이 없을 때 '무능력'이라 읽는다.

그러나 나는 사람을 사랑하지 못하는 것.
차별을 보려 하지 않는 것.
절박한 환경에 던져진 사람을 무시하며 사는 것.
을 '무능력'이라 읽겠다.

＂ 노력을 위로하는 정의 **＂**

게으른 게 아니다. 나다울 뿐이다

프랑스의 평론가, 활동가였던 폴 라파르그는 〈게으를 권리〉
에서 말하고 있다.

자본주의 문명이 지배하는 국가의 노동자들은
기묘한 환각에 사로잡혀 있다. (…)
그것은 일에 대한 애착 또는 노동에 대한 처절한
열정이다. (…)
경제학자와 도덕가들은 이러한 정신적 이상 상태에 반대하
기는커녕 노동에 거룩한 후광을 씌웠다. (…)
더 가난해져서 일해야 할 이유가 더 많아지도록,
그래서 더 비참해지도록 일하라. 자본주의 생산의
가차 없는 법칙이라는 것은 바로 이런 것이다.

자기 만족감이 높은 N잡러가 아닌 쉴 시간이 없는 N잡러,
잦은 야근으로 회사가 집이 되어버린 직장인,
일을 하지 않는 시간은 자기 계발로 꽉 채우는 사람,
새벽 공기 자체를 즐기는 이가 아니라

이렇게 해야 성공한다고 믿는 노력형 새벽 기상러,
바쁘게 살지 않으면 주변에서 핀잔을 주며 죄책감을
느끼도록 해왔다.
그렇게 살지 않으면 내 존재감을 부정당하는
매연 속에 살고 있다.
언제부터였을까?
사람들의 존재감이 생산적인 노동을 하기 위해 준비하거나
생산적인 노동과 동의어가 된 것은.
근면, 성실이 자기 접속과 타인 접속보다
중요한 가치가 되었다.

'성실함'이라는 단어는 이 시대의 어떤 조직이라도
환영받는 '집단 신화'가 되었다.

성실한 자와 반성실한 자.
나는 반성실한 자가 되겠다.
아직은 반만 성실한 반성실한 자이지만.

늦은 저녁 TV를 보며 쉬는 것 외, 외식이나 놀이는
월중행사였던 모부의 노동을 보며 자랐다.
나의 '부실하고, 방치한 몸'을 지각하기 이전부터
모부의 노동을 보며,

'어떻게 하면 반성실하지만, 잘 살까' 하고
생각했나 보다.

어려운 이를 돕느라,

존재의 이유를 찾고자

세상을 떠도는 무자본 여행을 하느라,

자연주의 삶을 지향하느라,

돈을 모으는 일을 하지 않은 사람은

불성실한 게으른 자가 아니다.

돈을 많이 주는 일보다 적게 받지만(그렇다고 해서 돈을 적게 주
는 것이 정당하다는 말은 아니다),

애정 담긴 일을 하는 게 어리석은 게으른 자가 아니다.

시골로 내려와 농촌, 어촌 마을 일을 일구거나,

문화 프로젝트를 하거나,

주민들과 협동조합을 꾸려나가는

로컬 트리거(지역을 활성화하는 사람)들이,

도시 생활에서 패배한 루저, 게으른 자가 아니다.

이들은 모두 희망이고, 미래다.

B급 반성실러의 분투

착실하다고 착각을 하며 살던 나는 20대를 기점으로,
점점 뼛속까지 '반성실한 사람'이 되어 갔다.
고교 시절까지는 착실하게 살았다고 생각했지만
20대의 줄기찬 알바 노동으로 세상은 차갑게 보였다.
차가운 세상에 대한 반항이 '반성실러'가 되어가는
출발일 듯싶다.
부모나 세상이 하는 말을 착실하게 따라가면
괜찮은 삶이 기다리고 있다는 것은,
환상임을 보기 시작했다.
20대의 노동을 통해 세상에 대한 의구심을,
동시에 '왜 세상은 고통스럽지?'를 생각했다.

그러다 30대 중반 즈음(한 통의 전화를 받은 우연으로),
첫 대자본 회사의 화폐에 기대어,
사내 심리상담자로 (먹고살기에) 진입했다.
자본주의 앞에서는 성실한 척하느라 애썼다.

상담자로서는 진정성 있게 살려고 애썼다.
직장인으로서는 뺀질이로 살려고 애썼다.
회사 생활에서 싫었던 것은 2가지가 컸다.

1. 이른(?) 기상
2. 군대 같은 조직 문화의 공기

성인이 된 후 반성실하게 살아온 자에게 새벽 기상은
자연스러움이 아닌 분투가 필요했다.
(새벽형이 자연스럽고 편안한 사람에게는 좋겠지만-대표 주자 '경자씨'가
있다)
그러나 세상은 이미 새벽 노동으로 맞추어져 있었다.
(유연근무제 같은 것이 생색내기 느낌으로 있기는 하지만)
결과적으로 저녁형 인간에게는 보이지 않는 어려움을
가중시키는 시스템이 건설되어 있었다.

'군대 같은 조직 문화의 공기'는
'군사주의' 같은 한 개인의 삶과 정체성은 삭제되고,
명령과 복종으로 대체되는 도구화된 인간상을
상징하는 의미로 말했다.
(실제로도 그 회사는 공단에 있었고 주변의 대자본 페인트 회사가 있어서,
공기는 그야말로 최악은 아닐지라도 악은 된다)

조직에서도 뭐랄까, 내가 더 이상은 어떻게 손 쓸 수 없다는 체념 같은 공기였다.

회사 조직에서 서열문화, 협력업체의 도구화, 사람에 대한 메마름에 점점 고민은 깊어지고, 생기를 유지하는 것도 점점 어려웠다.

보다 나은 조직문화가 있을 것이라는 환상에, 회사 생활 3년째부터는 이직 면접을 본격화했다. (이때까지만 해도 지긋지긋한 탈락으로 좌절감이 '만렙' 될 것이란 상상은 하지 못했다)

누군가는 조직에 불성실하다, 라고 생각할 수 있다.

(그렇게 보아도 할 말은 없다)

지치는 마음이 들어 이직을 포기했을 때, 운명이 무엇인지 싶게 오히려 대학으로 옮겨왔다.

대학은 위의 1, 2번을 속 시원하게 해결해주었다.

그리고 당연하게 다른 3,4,5…N의 문제를 얻었다.

(어딜 가나 문제를 사는 '문제아'인가 싶다)

나와 비슷한 성향의 동료 교수를 알고 지내서 위안이 되기는 하지만, 생산성이라는 자본주의 관점에서는 내가 좀 뒤처진다.

난 편집증적(의심하는 것이 특징인) 성향까지는 아니다.

그런데 지금까지의 내 삶에 대한 의심이 두터워졌다.

몇십 년을 의식하지 못한 채, 신봉해왔던 단어,
'근면·성실'. 이제는 작별할 때가 되었지.

건강한 성실과 노동중독을 구별할 때가 왔다.
조직이 나를 인간답게 존재하도록 하는지,
아니면 나를 수단으로 이용하고 대상화하는지를
사유할 때가 왔다.

'성실'에게 가스라이팅을 당하다

인생이 '우연(운명)'이라는 걸 새삼 느꼈다. (인생을 말하기에는
시건방져 보이실 수 있겠지만)
직장에서 성실하게 살았다는 것을 우연한 삶의 굴곡을
통해 처음 자각했다.
성실하게 일해 왔다는 것에 처음 자각이 일어났다.
놀랍게도 '성실'에게 가스라이팅을 당했다.
이 자각이 없었다면 승진을 위해 내 삶을
갉아먹어야 했을지도 모른다.

이런 자각을 동료 교수와 나누었을 때,
"진교수님은 기업에 있었기 때문에,
성실한 게 기본적으로 있었던 것 같아요."라고
그가 말했다.
기본적으로 내가 성실했다니…
내가 교육과 제도, 회사 조직의 가스라이팅을 당한 것이다.

호모 루덴스('놀이하는 인간'이라고 한다).

근면하라는(자본주의가 주야장천 선전하는)
노동 윤리를 부정하고,
여가 윤리를 인생의 의미로 대체할 수 있을까?
심리학계에는 여가 심리학에 대한 연구도 많다.
새벽 기상러, 부자들의 습관, 갓생을 긍정하는 노동 윤리에
호모 루덴스가 낄 공간은 비좁다.

인생에서 속도가 중한가, 방향이 중한가.
이 둘이 일치하는 사람도 있겠지만
이 둘이 같은 공간에 공존하기는 어렵다.
마치 '우울감 대 감사감', '불안감 대 평화감'이 동시에
공존할 수 없는 것처럼.

인생에 속도감만 중요하게 추구하다 보면
그 속도가 빠를수록
넘어진 사람, 다친 사람, 지친 사람을 볼 수 없다.
이 사람들을 볼 수 없다는 것은
나 자신이 다치거나 지쳐도 알지 못하거나
돌볼 겨를이 없다는 것과 같다.

결국 빨리 앞서간 것 같지만,
나의 상처를 보지 못하기 때문에
뒤늦게 켜켜이 쌓인 아픔이 터져 나온다.

나를 아프지 않게 하는 속도는
세상 풍파에 내 상처를 돌봐가며 가는 속도다.

노력하고 싶지 않다

말 잘하는 스피치 기술을 전수하는 책이나 센터가 있다.
노력이라는 연습으로 유창하게 바꿀 수 있을 것 같다.
나는 배우고 싶지는 않다.
이미지메이킹은 더더욱 그렇다.
그렇다고 내가 외모 자본주의 시대에
내 마음대로 편안한 옷을 입고(추리닝 같은) 다닐 만큼 자유로
운 영혼은 못 된다.

말을 능숙하게 하면,
내 어눌함에서 사람들이 친숙한 느낌을 가졌는데
친숙함을 영영 잃어버리는 것이 되니까.
말 잘하는 스마트함은 바라지 않는다.
지금의 어눌함도 괜찮다.

드물지만 쉽게 보는 듯이 대하기도 하지만, 괜찮다.
어눌함은 친밀함도 끌어당기지만, 무시도 끌어당기니까.

스마트한 말씨는 다른 사람의 감탄이나 부러움을
끌어당기지만 딱딱함이나 차가움도 끌어당긴다.
사람들은 자신이 가지지 않은 것을 (서로) 부러워한다.
나를 있게 할, 나다움.
내가 가지고 태어난 것이 무엇인지 알아야 한다.
나다움을 나 스스로가 좋아할 줄 알아야 한다.

그러면 나를 더 변화시키기 위한
불필요한 노력을 하지 않아도 된다.
나를 채찍질하지 않아도
괜찮은 나, 로 있게 된다.

노력주의가 만들어낸 차별

2019년에 학교 일로 대구에 출장을 갔다.
여기까지 와서 숙소에만 있기엔 아까워
검색으로 정한 목적지는 박해와 한이 녹은
근대문화 유적지였다.

그 근처에 도착해 횡단보도에 서 있었다.
그때, 남루해 보이는 40대 초반의 여성이 말을 걸어왔다.
"저기요~ 제가 오늘 하루 종일 아무것도 못 먹어서
(배를 만지면서) 정말 배가 고픈데요…"
나는 찬찬히 듣고 있었다.
"제가 배가 고파서 밥 사 먹을 돈 좀…"
이미 '하루 종일 아무것도 못 먹어서'에서
뒷주머니에 손을 넣고 있었다. (난 지갑을 쓰지 않고, 뒷주머니에
약간의 돈을 넣고 다닌다)
돈을 얻기 위해 배고프다고 꾸며낸 것인지, 팩트는 중요하
지 않았다. 돈을 구해야 하는 그의 상황이 중요했다.

꺼내 보니 오만 원 1장과 일만 원 1장.

순간 생각을 했다.

숙소로 돌아갈 교통비는 있어야 한다고. (이 시점에서 교통카드가 없는 환경오염 주범임을 고백하지 않을 수 없다. 용서를 구한다. 지금은 만들었다)

그렇다고 만 원을 주고 싶진 않았다.

오만 원을 건넸다. (모두 만 원권이었다면 얼마를 주었을지 모르겠지만)

그는 "고맙다"는 말을 내게 주었고,

나는 근처 횡단보도에서 신호를 기다렸다.

그런데 다시 말을 건네온다.

"저기요~ 좀 더 뒤로 뒤로, 이만큼 서 있어요. 물 튀어요~", 난 "(고개 숙이며) 네 고맙습니다."로 답했다.

이날은 비가 내리고 있었다.

지나가는 차들로 물이 튈까 걱정해 준 거였다.

아마도 나는 그의 시야 앞쪽에 서 있으려다 보니(혹여 그가 민망해할지 몰라서) 차도 가까이 서 있었나 보다.

횡단보도를 건너 저만치 사라져가는 그 사람의

뒷모습을 난 걸음을 멈추고서 바라보았다.

나까지 걱정해 주다니.

아무 말도 하지 않았던 그때, 한마디 했으면 좋았겠다.
식사 잘하시라고.
후에 동반자에게 이 일을 이야기했더니,
"메뚜기(나의 별칭)는 그렇게 보여. 딱 보고 돈 얻을 수 있게
생긴 거 알고, 잘 알아보고 말 걸었네"
동반자가 되돌려준 말에 기분은 나쁘지 않았다.
아, 내가 돈을 주게 생겼구나, 무서워 보이는 아저씨는
아니구나.
만일 어떤 아저씨가 재수 없다면서 핀잔을 주거나,
도리어 화를 내었다면, 그는 또 상처가 되었을까.
성공 확률 100%는 아닐 것 아닌가.

이들은 삶에서 어떠한 노력을 하지 않았기에,
이렇게 거리를 떠도는 것일까.
노력을 하지 않아서,
거리를 떠돌고 있는 것이라고는 믿을 수 없다.
그 많은 세금은 누가 다 어디로 옮겨놓은 것일까.
수많은 복지 제도가 밑바닥 사람들에게까지
닿지 않는 제도라면, 글씨로 박힌 제도일 뿐이다.

노숙하는 사람들이
'왜 노숙을 하게 되었는가'에 대한 토론은 뒤로하고,

하룻밤 편하게 무거운 몸을 눕게 할 공간이 없다는 것.
이게 이상하다고 생각한다.
그들 모두가 인생에서 **뼈**를 갈아 넣는 일을 했을 터인데
소시민(시설)들의 봉사에 의지하여 근근이 삶을 버티고
있다. 가시 박히는 시선을 온몸으로 받아내며 살고 있다.

어느 부모가 아이에게 노숙자를 보며
'노력을 안 하면 저렇게 된다'고 하는 말은
무심을 넘어 자신의 아이에게 불안을 심어주거나
인간애를 삭제시킨다.
그리고 차별은 보이지 않는 공기를 타고
자녀에게 전수된다.

돌봄을 국가와 제도가 나몰라, 라고 하는 곳에선 노력주의
는 차별하는 괴물이 된다.

형편이 어려운 사람을 삭제시킬 때,
사람들도 무의식적으로 자신이 삭제당할지도 모른다는
'삭제에 대한 불안'으로 깃든다.

이들의 존재를 이해하려는 우리의 연민이
제도적으로 연결되길 바란다.

노력주의가 남기는 상처

내면아이 치료 전문가였던 브래드쇼는
〈상처받은 내면아이 치유〉에서 이렇게 말했다.
학교체계는 역기능적이다.
우리를 독특한 존재로서 대해 주지도 않는다.
학령기의 내면아이는 완벽주의 학교체계에 순응해야
하는 걱정들 때문에 상처받고 파괴되었다.
낙오자가 되어 버리거나, 체제순응상태에 빠지는
과정에서 천천히 영혼이 살해당한 것이다. (…)
전 과목 A학점을 받는 우등생으로 길러진 많은
사람들이 정작 자신의 진정한 능력을
개발해 보지도 못했다. (…)
나(브래드쇼)는 내 인생의 대부분을 성취해야 한다는 것
때문에 받은 상처를 치유하는 데 보냈다.

브래드쇼가 캐나다와 미국을 배경으로 살았음을
생각해보면, 저 나라와 우리나라가 붕어빵이라니.

그는 고등학교 교사로서도 살았기 때문에
그의 표현대로 '재미도 없는 것을 억지로 배우거나,
순응하도록 길들이는' 학교 체계에 대한
건강한 비판을 할 수 있었다.

나 역시도 경직된 학교체계 속에서,
붕어빵 같은 학교 교육을 받으며,
내가 누구인지도 모른 채 어른이 되어야 했다.
(지금도 누구인지 안다는 말은 아니다)

심리상담 분야는 상담자가 되려면,
훈련 요건을 충족시켜야 하고,
이런저런 훈련을 받는 것이 장려되는 곳이다.
여기에는 돈과 시간을 갈아 넣어야 한다.
나는 대학 졸업과 동시에
경제 독립(의지와 상관없는)을 했었기에,
상담자 훈련보다는 생존을 위한 분투를 해야만 했다.
돈을 버는 능력을 키우려는 사이에,
나를 촘촘히 돌아보는 시간을 잃어버렸다.
나를 찾아가는 길에 다시 또 많은 돈이 들었고,
시행착오라는 괴로움을 겪었다. (지금도 진행 중이다)

브래드쇼는 '성취를 위해 받았던 상처를 치유하는 데
많은 시간을 들여야 했다'고 하였다.
그의 말처럼 나는 치유자로 살고자
상담심리를 공부하고, 나름의 긴 시간을 수련하였다.
하지만, 지금도 말할 수 있다.
여전히 상처를 치유하는 중이라고.
치유하는 자와 치유받는 자의 경계는 없었다.
치유받기도 치유하기도 하는 삶이 있을 뿐.

자신과 맞지 않는 노력을 하느라
자신에게 상처 주지 않기를 바란다.
상처받은 만큼 치유하는 시간도 길어진다.

학대를 위한 노력

능력주의 시대에 능력과 노력이라는 말은 동일어처럼
취급받는다. 그런데 동일어인지 살펴보아야 한다.
동일어인 척하고 있을 뿐,
능력과 노력이 따로 노는 시대다.
능력은 음식을 잘 만드는 신의 손이지만,
노력은 음식이 아니라 어학 자격증에 쏟는 것 같은.
능력주의 시대에서 노력은 자기학대의 변주다.
악을 쓰고 참아가며 수십 년의 청춘과 인생을 보낸다.
참아낸 인고를 사회는 노력이라 부른다.

보이지 않는 압력에 의한 억지 노력,
자기 이익을 위해서만 동기화된 노력,
자기를 혹사시키는 노력,
이런 걸, 노력이라고 부를 건가.
이런 혹사 때문에 우리는 지치고 쓰러진다.

누군가가 정해놓은 방향 때문에
우리의 노력을 갈아 부은 고통이 여기 있다.
이런 노력을 하느라,
젊음과 같은 내 잃어버린 시간이 여기 있다.

건강한 노력이라 부를 수 있는 것은 무엇일까?
공부를 하더라도 나의 안위가 타인, 세상에
연결된 동기를 가질 때 이 단어를 쓰고 싶다.
고상한 척 할 수 있는 직업을 가지기 위한 노력에서,
고상해지는 일을 하려는 것에 이 단어를 쓰고 싶다.

사람의 형체가 인구수만큼 다르듯,
끌리는 호기심의 정도나 분야,
능숙하게 하는 공부나 작업의 분야가 모두 다르다.
지능, 신체, 국가, 집안의 경제 수준과 같은
타고난 운과 어떠한 운명 때문에,
잘 맞는 옷을 입고 사는 사람도 있고, 크거나 작은
옷을 입어서 불편하게 살아가는 사람들도 있다. (노력으로
통치기에는 설명력이 안드로메다에 가 있다)

〈나는 나로 살기로 했다〉를 쓴 김수현 작가는
〈안녕, 스무 살〉이란 책에서

'노력과 스트레스는 비례하지 않는다'고 했다.
김수현 작가가 20대일 때 쓴 글인데, 무게감 있다.
노력에 비해 만일 스트레스가 크다면,
삶의 방향에 조정이 필요하다는 신호다.
자본주의는 자신에 이득이 되는 노력만을 강요한다.
보편적인 사람들의 요구인 '타자의 목소리'를 반영한다.

우리는 자주 미래에 대한 진로를 고민한다. 이럴 때,
머리와 생각으로만 판단하기보다는
'감수성'이라는 내면의 느낌,
건강한 내면의 욕구에 접촉해야 한다.

생각은 줄이고(자본주의 시대는 계산기만 두드려서 생각하라고 강요하니
까), 자기 느낌과 건강한 욕구에 접속할 수 있을 때,
보다 더 운명적인 자기 진로를 선택할 수 있다.

우리는 모두 '내적 조언자(조금 거창하게는 신성)'와
함께 살아간다.
지혜로운 목소리를 내면에 가지고 태어난다.
(단지 그 목소리를 늘 들을 수 있는 건 아니겠지만)
자신의 지혜로운 목소리에 귀 기울이는 것이
후회가 없다.

진정성 있는 자기 목소리를 들을 수 있을 때,
진정성 있게 자신을 좋아할 수 있다.

노오력의 허무

나는 학부와 대학원에서 통계학과 영어 공부에 갈아 넣은
시간을 생각하면 씁쓸하다.
지금은 노력이라 생각하지 않지만, 그 시절 노력은
나에 대한 이해가 없는 폭력에 가까웠다.
앞밖에 보지 못하는 터널 시야였다.
그저 살아남고자 하는 발버둥은 오히려 나 자신과
사람들의 마음속으로 접속하는 힘을 방해하였다.

그 시절 통계와 영어는 가장 많은 노력을 부었지만,
내가 할 수 있는 것 중에서 가장 허접하다.
대학원 수업 외 통계 수업 청강, 통계학과의 2주간의
종일 워크숍(2회) 등, 내가 공들인 노력(?)은 가상했다.
뒤늦게 깨달았지만, 내가 천부적인 숫자 알레르기가
있었다. 나 자신을 이해하려 했다면,
누가 시킨 것도 아닌데, 자발적인 워크숍과 청강을 하는
고문까지는 하지 않았겠지만.

통계학 대신에 만난 질적연구(인터뷰, 관찰한 글, 사진, 그림 같은 숫자가 아닌 자료를 가지고 연구하는 것. 심리학, 사회학, 문화인류학 등에서 자주 쓴다)는 감정의 질이 달랐다. 질적연구는 노력이 아니라 '끌림'이었다.

그리고 '이끌림'이 되었다.

힘을 들였다기보다는 저절로 배우고 싶은

동기가 생겨났다.

사비를 들여 새로운 배움이 시작되었지만,

여전히 결이 같은 느낌을 받는다.

지금은 질적연구자이면서 '자문화기술자'라고 보는 게

맞겠다. 자문화기술지(저널(일기) 쓰기, 자기 내러티브, 에세이 등과 유사한 글쓰기) 방법으로 (어설프지만) 박사 연구를 했고,

지금도 가장 이끌린다.

그리고 책을 쓸 것이라고는 상상해 본 일이 없었지만,

학문과 연구 제도에 갇혀있는 듯한 자문화기술지

방법을 탈출시키기로 동기가 생겨나, 지금 이러고 있다.

(책 쓴다고 이러고 있는 게 '이끌림'이었지 노오력은 아니다.

그런데 책쓰기가 쉽다, 라는 식의 책 제목은 자유겠지만, 쉽지 않았다)

그래서 사랑하는 것도, 좋아하는 것도,

일이든, 사람이든, (노력이 아닙니다. 끌림입니다)

저절로 이루어진다.

노력이라는 단어는 허무하다.
우리들 모두가 무언가에 갈아 넣는 노력을 한다.
그러나 세상은 노력이 보상이라는 결과로
비례하지는 않는다.
무언가를 얻으려 노력할 때, 무언가는 놓친다.
다 얻을 순 없다.
세상이 말하는 보상은 노력이 아닌
다른 수많은 이유로 채워진 결과다.

노오력은
때로는 칭찬의 얼굴로
때로는 폭력의 얼굴로
때로는 인정의 얼굴로
찾아온다.

여기에서 칭찬은 격려와 달리 결과물을 이루었을 때,
해주는 것이므로 부정적인 뜻으로 썼다.
결과물이라는 생산성이 없으면
쓸모없는 '잉여 인간'으로 취급받기 때문이다.
인정 역시 동일한 맥락에서 좋지 않은 뜻으로 썼다.

내 마음의 목소리를 듣지 않은 채

세상의 요구만을 듣다 보면,
노오력이 내 삶을 배신할지도 모른다.

삶은 노오력으로 설명할 수 없다

젊어서는 잘 먹었지만, 40대에 접어들면서
'소식좌'가 되었다.
이런 암울한 미래를 전혀 예상하지 못했다.
소식좌가 되고 나선, 식당 등에서 음식을 남겨야 할 때
여러 가지로 미안하다.
그런데 불편함은 예상 밖에서 일어났다.
경자씨와의 마찰이었다.
'흰밥을 먹느냐, 안 먹느냐'로 서로를 괴롭혔다. (유럽이라면 이
런 일로는 싸울 수 없겠지만, 여긴 한국)

다행히 지금이야 거의 밥상 싸움이 사라졌다.
그가 걱정하는 마음에 초점을 두었더라면 밥상 전쟁이
덜 했을 텐데. 흰밥을 먹지 않는 사위가 걱정되기도,
이상할 수도, 혹은 유별나 보였겠다.
이런 사위가 외계인처럼 보였겠지.
그의 집안은 흰쌀밥, 고기가 주력인 집안이었기에

육류를 포함해서 무엇이든 나를 많이 먹이고 싶어 했다.
나는 플렉시테리언 혹은 비거닝이라고 하는
어설프지만, 채식을 지향하고 있다.
보편적인 한국 식사 문화에 채밍아웃을 한 것도 아니었다.
(더 정확하게는 채밍아웃은 불가능해 보인다)

음식의 종류를 떠나서
양의 문제인 소식좌는 아무리 노오력 한다 해도,
아무런 노력을 하지 않아도 잘 먹는 사람,
혹은 대식좌가 될 수 없다.

이건 병원과 한의원 치료를 포함하여
음식에 10년 이상의 노력을 했지만,
지금의 체중은 45kg이라는 억울한 몸무게다. (제명이 심히 궁
금한 무게다)
틀려도 한참을 틀렸다.
내 운명을 내가 모르고 살았다는 것을 증명했다.

노력을 하지 않아서 살이 찌거나
노력을 하지 않아서 살이 안 찌거나
둘 다 원인을 잘못 돌렸다.
자기다운 삶의 방식을 아직 찾지 못했을 수는 있다.

그렇지만 그들에게 노력이란 단어로 퉁칠 수는 없다.
노력을 안 해서
선망하는 직업을 얻지 못한 게 아니듯이.

우리는 자본사회가 원하는 것에
맞추지 못했을 뿐이지,
노오력을 안 한 것은 아니다.
우리가 운명을 아직 만나지 못했지,
노오력을 안 한 것이 아니다.

노력에서 운명으로

휴대폰 외판원에서 세계적인 펩페라 가수로,
기적의 목소리, 희망의 아이콘으로 상징되는 '폴 포츠'는
흙수저 집에서 나고, 외모와 말투로 괴롭힘을 겪었다.
정규 성악 교육을 받을 수도 없었다.
그는 노력을 안 해서 휴대폰 외판원으로 일했던 것일까.
뼈를 갈아 넣는 노력으로 세계적인 성악가가 된 것일까.
둘 다 아니다. 그저 운명이었다.

'폴 포츠'라는 예시가 오히려 빈곤감, 박탈감을
느끼지 않길 바란다.
우리가 알 수 있는 사람으로 이야기하는 것이니까.
노력이 감수성을 잃어버리고, 방향을 잃어버렸을 때,
도리어 화살이 되어
이생망(이번 생은 망했어)이라고 생각들게 할 수 있다.
노력이 아니라 나의 운명을 이해하려는 것,
나를 이해하고 수용하는 느낌에 가닿는 것,

그래야 나의 운명도 살아날 수 있다.
사회가 말하는 실패조차도 이해를 할 수 있다.
사회가 정의한 실패는 실패가 아니라는 것을.
새로운 시각으로 자신을 바라볼 수 있다.
'이생망'의 좌절감에서 빠져나올 수 있다.
덤으로 다른 사람을 노력의 양으로 재단하며
'망했다'는 판단을 내려놓을 수 있다.

세상에 던져질 때,
받은 것이 무엇인지를 자각하고 있어서
종종 감사가 무언지를 느끼는 삶도,
받지 못한 것이 무엇인지를 자각하고 있어서
슬픈 느낌에 닿는 것도 중요하다.
받은 것과 받지 못한 것을 이해했다면,
'노력'이라는 잣대를 자신과 타인에게 쓸 수 없다.

자신의 성공 서사를 새로이 써나가길 바란다.
자기를 학대한 노력 서사가 아닌,
자신을 향한 애정 녹인
'성공 서사'를 다시 쓸 수 있기를 바란다.

당신의 삶을 비난할 필요가 없습니다.
당신의 삶을 자책할 필요가 없습니다.

세상은 통제할 수 없는 것으로 가득 차 있습니다.
당신이 노력하지 않아서가 아니기 때문입니다.

아직 '운명의 때'를 만나지 못했을 뿐입니다.

가난을 위로하는 정의

자본주의는 왜 빌런이 됐나

자본주의의 더러운 성질 중 하나는 가성비다.
가성비로 물길 같은 수로화가 된 시대다.
가성비는 머리로만 계산하기 때문에,
그 공간에는 사람과 연결은 없다.

소비가 덕이 된 지금,
기업은 제품의 충성도와 판매량을 위해
가성비 좋은 상품을 출시하는 것에 목멘다.
그런데 그 제품에 과연 덕이 담겨있는지는 알 수 없다.
그 제품에 누군가의 급여가 떼였는지,
최저시급도 받지 못하는 누군가의 노동이,
혹은 해외 어린아이와 어른의 노동을 녹여낸 제품일 수 있다.
제품이 유해한 성분으로 범벅되어 있을 수도 있다. (제품이
유해할 정도면 이것을 생산하는 노동자의 환경은 암울할 가능성이 높다)
가성비가 좋은 제품은 혁신적인 기술의 결과일 수도
있으나, 협력업체나 해외 빈민국가의 노동을 깔때기로

걸러낸 결과물일 수 있다.
가성비 좋은 제품을 사지 말자는 의미가
아님을 잘 알 것이다.
정당한 무역 거래를 통해 만들어지거나
정당한 노동의 대가를 지불한 물건을 바란다는 말이다.
우린, 사람들을 속이는 원료나 착취한 노동을 갈아 넣지
않으려 배려한 물건을 쓰고 싶다.
죽지 않을 만큼의 노동, 때론 죽기도 하는 노동(장애가 생기는
노동)으로 만들어진 식품과 물건, 다시 말하면 가성비 속에
우리를 기만하도록 할 순 없다.

가성비 아래 설탕조차 사라졌다.
그 많던 설탕은 다 어디로 간 것일까.
설탕의 원료인 사탕수수를 키우고 수확하는 노동자들은
정규직도 아니고, 최저시급을 적용받지도 못하며,
오로지 굶지 않기 위해 사탕수수밭에서 일을 한다.
그런 노동으로 얻어진 설탕조차
더 저렴하고 유해한 과당으로 대체되고 있다.

가성비보다 공정한 제품인지를 보면 좋겠다.
협동조합 제품이나 로컬푸드 매장을 추천한다.
여러 이유가 있지만, 협동조합 제품은

가능한 공정무역과 환경을 고려하여 생산한
제품이기 때문이다.

예를 들면, 생수를 플라스틱이 아닌 재생 가능한 종이팩으로 생산한다. 바나나, 커피, 마스코바도(설탕) 등은 공정무역을 통해 들여온 제품이다. 어르신이나 장애인이 국산 재료로 만든 친환경 제품도 있다.

로컬푸드 매장의 경우에는 지역의 농가에게 직접적인
수익이 되돌아가는 구조로 되어 있다.

지역 농가가 살아나야 할 이유는 그들이 사라진다면,
우리는 착취당한 음식에 의존성이 커지기 때문이다.

그렇다 하여도, 가성비 아래 그늘진 수많은 제품을
내가 피해 갈 수는 없다.

나 역시도 누군가의 착취당함으로 생산된 옷, 운동화,
전자제품 등을 쓰고 있다. (그래서 내가 딜레마가 더 많아진 것도 사실이다)

더 심하게는 내가 하는 모든 소비는 자연을 착취하여
생산된 그 무엇이다.

최소한 그림자 노동에 가까운 빈민국에 대한 멸시는
지워야 할 것이다.

그들의 노고와 어려운 생활을 기억해야 한다.

가능한 공정무역에 대한 목소리는 크게 해나가야 한다.

소비를 끊는 것은 현실적으로 거의 불가능하다.

그래서 지구에는 늘 '악'이기 때문에, '착한 소비'는 있을
수 없지만,

각자의 위치에서 할 수 있는 '윤리적 소비'는

생각해 볼 수 있다.

이건 남을 위한 일이 아니라,

결국은 자신의 결을 인간적이게 하는 일이다.

밟고 서 있는 이 땅을 살리고,

밟고 서 있는 이 아동을 살린다.

가성비 아래 오랜 세월, 끝없이 착취당하는

어두운 그늘을 볼 수 있는 것만으로도

우리는 점점 더 사람다워질 수 있다.

누구를 위해 가성비를 올리나

청년 작가의 A4 용지 크기의 그림이
10만 원이라고 가정해보자. 물감 등 재료비가 5만 원이고,
그 작품에 들인 시간이
5시간이라면 시간당 1만 원의 최저시급 근처의
노동이 된다.
이것도 누군가 그림을 사주었을 때다.
10만 원의 청년작가의 작품을 가성비로 생각해
비싸다고 할 수 있을지.
10만 원짜리 옷을 산다고 하면,
그 옷과 그림 중 지갑을 열 수 있게 만드는 건
어느 편일까.
청년 작가의 그림이 주는 마음의 평화 같은 가심비는
실용성이 없는 것인가.

예술가의 노동이 옷처럼 눈에 보이지 않는다는 이유로
비생산적이고 비효율적이라는 생각을 누가 퍼트렸는가?

자본기업에 소속되어 돈을 받는 확실한 노동과
소속 없이 오로지 자신의 기운으로 살아가는 예술 작가
들의 불확실한 노동이 있다.
이 맥락은 '소더비'나 '크리스티' 같은 대자본 기업의
미술작품이 아님을 알 것이다.
불확실한 노동은 노동이 아니다, 라고 가스라이팅 하는
반예술 자본주의는 또 언제 태생했는지.
예술가의 노동은 대자본 속의 공장 노동과는 또 다르다.
가성비는 실용자본주의 관점으로 만들어졌다.
예술은 눈에 보이지 않는다는 이유로
자본이 선호하는 제품이 아니라는 이유로 배제되었다.
감수성을 일깨우는 예술은 오히려 차단당했다.

여러 벌의 고급 브랜드 옷을 입어도 행복은 깃털 같다.
마음이 공허하고 소외된다면,
그래서 살아갈 동기가 무력해진다면,
가성비가 아니라 나를 위로하는 가심비를 보자.
그래서 작은 위로의 힘으로 살아갈 동기를 얻자.

◆

여행을 가면 그 지역에 있는 시장을 들르곤 한다.
혹은 5일장이 있는 날을 맞추어 가기도 한다.

시장에서는 가성비 모드를 꺼두는 편이다.
종종 떨이라면서 작은 바구니에 가득가득 담아둔
나물들을 다 가져가라는 할머니를 보면,
그냥 지나치기 어렵다. 떨이라서 양도 푸짐하다.
그런저런 이유로 시장에서는 부르는 대로 드린다.
드물게는 (난 젊지도 않지만) 젊은 사람을 속인다고 하는데
(나물의 양 차이를 말하는 것 같은데, 전세 사기, 코인 사기는 사기지만, 나
물 사기도 사기인가?), 괜찮다.
교통비, 밥값, 수고로움을 제하고 나면
누군가에게는 본전에, 누군가에게는 조금 남겨야
다시 그 자리에 나오실 수 있으니까.
장날 때마다 떨이 없이, 자리 털고 일어나셨음 좋겠다.

(진짜) 남는 가성비는
누군갈 좋아하기 시작할 때, 그 사람을 만나면 편하고,
헤어지고 나면 집에 돌아와 싱거운 웃음이 흘러나오고,
그 사람 이야기에 눈을 기울이는 것 아닌가?
그 사람의 마음을 잘 알아차려 주는 사람.
그래서 헤어지고 나면 걸음이 가볍고,
안정되는 느낌을 주는 사람.

최고의 남는 가성비는

그런 사람을 볼 수 있는 마음과
내가 그런 사람일 수 있는 것.

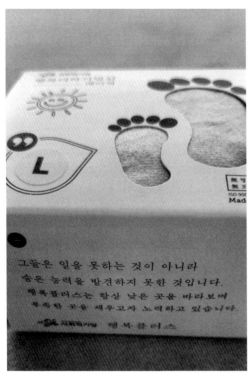

― 장애인이 일하는 사회적기업에서 만든 덧신 제품 ―

가난은 수치가 될 수 없다

22년 12월에 인별그램을 처음 시작했다.
'#'이 무엇인지도 몰랐다가 '#'을 쓰고 단어를 쓰면
다른 사람이 나의 게시글 검색이 가능하게 하는
기능임을 알았다. (또 다른 매트릭스 세상이 있다니)
다른 사람의 글을 검색할 때도 그렇다.
최민식 사진작가의 사진 에세이집
'더 나은 세상을 찾아서'라는 책을 소개하였다.
'#'으로 붙인 단어는 작가님의 평생 화두였던 가난.
그때 알았던 건
'부자'로 검색되는 단어는 80만 개 이상,
'가난'으로 검색되는 단어는 16,312개
'빈자'는 202개였다.
(지금 나는 사람들의 관심 저편 단어로 글을 쓰고 있다)

'부자' 키워드가 많은 만큼
인별그램에도 '부자가 되는 법'이란 게시글이 많다.

인별그램에서 '노력하면 부자 된다, 부자들의 습관'이란 식의 글은 착취 시스템에 대한 투쟁의 역사를 읽지
못했거나, 아직 괴물자본주의를 만나 보지 못한 것으로 조심스레 추측해 본다. (부자의 습관과 빈자의 습관이 따로 있지 않은데, 라고 나는 생각한다)

기업인, 정치인, 연예인, 거의 '흥망성쇠'를 겪는다.
이들이 '흥'하고 '성'할 때만 부자의 습관이고,
'망'하고 '쇠'할 때는 가난의 습관인 건 아니듯이.

말하고 싶지 않지만,
한국은 OECD 국가 중 2003년부터 자살률 1위다.
2017년(리투아니아가 1위였던 것)을 빼곤,
2018년부터 다시 계속 1위다.
한국은 거의 20년간 1위라는 자살률을 유지하고 있다.
(자살의 원인은 정신적 문제와 다음으로 경제생활 문제였다)
얼마나 무시무시한 1위인가.
부자가 되면, 행복이 로또 1등처럼 '펑' 하고 생길 것
같지만, 그렇지 않다. (로또 사는 것이 소소한 희망, 재미인 사람들에게서 희망과 재미를 앗아가려는 것은 아닙니다. 그래도 좀 미안한 말이군요)

경제 수준이 지속 성장하여 경제 대국을 이룬 우리를

아프게 하는 게 여기에 있다.

가난에 대한 불안의 공기가 우리의 마음을 아프게 한다.

부자를 선망하고, 가난을 수치로 여기는 시대.

화폐적으로 실패하면 인생이 끝나는 시대.

화폐를 수집하는 능력이 없으면

질타받고, 인정받지 못할 것이라는 시대.

이 시대의 공기가 '슬로우 데쓰'를 만들어냈다.

한 다큐 영화에 나오는 씬이다.

서울 구로구 가로수 공원에서 새벽 4시 출발하는

그 버스는 얼마 안 되어서 만석이 되고,

20분 안에 서울 구로 시장을 지날 때쯤이면,

버스 공간이 꽉 찬다고 한다.

새벽 일을 시작해야 하는 노동자와 상인들이다.

역사 이래로 중노동과 가난은 거의 동일시 되어 왔다.

지금도 그 역사는 진행 중에 있다.

대부분 모부들이 이렇게 새벽일을 시작했을 것이다.

이들은 오히려 정의에서 배제당한 채, 차별을 받은 사람이다. 노동의 대가에 대한 '정의'의 문제이지 가난이 수치가 될 수 없다.

선량하기 때문에 가난이다

흔하게는 부자들은 부지런하게 갓생*처럼 사니까
'너희들도 그렇게 살면 부자 될 수 있어'라고 말한다.
하지만 앞만 보고 옆은 안 보는
부지런한 삶도 다 가질 수 없는 게 삶이다. (삶을 논하는 것 같
아 부담스럽지만, 현재의 내가 아는 수준이다. 미래에도 별반 차이 없을 것
같지만)
갓생처럼 산다고 부자로 산다면
'갓생 = 노력 = 부자'라는 공식이 맞아야 한다.
그런데 세상을 조금만 더 세심하고 관심 있게 둘러보면,
'갓생 ≠ 노력 ≠ 부자'라는 공식이 맞다는 걸 이해할 수
있다. (이해할 수 없다는 의견도 분명 일리 있겠지만)
그저 운명 같은 우연일 뿐임을 세상이 증명해왔다.
'노력하면 된다'는 내용을 자기에게 주입하다 보면
문제는, 현재의 가난이 '내가 노력하지 않아서'라는
황당한 결론을 스스로가 받아들이는 셈이다.

생텍쥐페리의 〈어린 왕자〉에 '진짜 중요한 건
눈에 보이지 않아'가 나온다.
진짜 중요한 것을 놓친다는 걸 모르게 된다.
화폐가 일생의 목표인 사람들은
약자와 가난한 사람을 혐오하는 분위기를 조성해간다.
그리고 (일부 진정성을 팔아 드신) 부자들의 리그는
화폐 권력을 통해 미디어, 광고 등에 영향을 주어
가난한 사람에게 스스로 '자기혐오'를 하도록 몰아간다.

빈곤함 때문에 스스로 위축감이 생긴다면,
이건 자기를 혐오하도록 만든
곰팡이 핀 눅눅한 이 사회의 오염된 공기 때문이다.

'가난'이라는 단어는 혐오의 대상이 되어 왔다.
내가 절대로 가져서는 안 되는
극단적인 상황으로 생각한다.
가난이 이 세상에 주어진 물질적인 형벌이라면,

*신을 뜻하는 영어 '갓(God)'과 '인생'을 합친 말. 현실에 집중하
면서 성실한 생활을 하고, 생산적으로 계획을 실천해나가는 이
른바 '타의 모범'이 되는 삶을 의미. (다음 백과)

가난으로 인해 받아야 하는, 보이지 않는 차별과 멸시,
혐오는 감정적인 형벌이 되어버렸다.
세상에 던져진 상태가 가난한 집안이었으며,
가진 재능이 자본 기업이 원하지 않는 재능이라면,
거기에 연민이 깊고, 양심적이기까지 하다면,
일생을 가난과 동행할 가능성은 높다.

유형, 무형의 상품으로 사람들을 속이는 것이
돈을 버는 데 유리한 시대이다.
그러나 대다수의 사람은 그렇게 하지 않는다.
다른 사람을 속이는 행위가 불편한
선량함을 탑재했기 때문이다.
다른 사람을 속이면, 밤에 편하게 잠들 수가 없는 게
대다수의 선량한 사람들이다.
그래서 우리의 가난은 선량함에서도 온다.

우리가 여기 있다.
선량한 사람들과 함께 할 수 있는 넉넉함으로
연대해야 한다. 우리의 선량함을 악용하는
가스라이터와 제도의 제물이 되지 않도록,
우리 스스로를 괜찮게 여길 수 있어야 한다.

대부분 서민은 물질적 여유가 있는 건 아니다.
단지 숨길 뿐이다.
숨겨야 할 사실이 아닌데도,
서로의 가난을 혐오하도록 만든
비뚤어진 특권층과 미디어, 속임자본주의로부터
나를 보호해야 한다.
그렇지 않으면 나 스스로를 혐오하게 될 수 있다.

서민과 빈자를 위한 제도나 정책보다는
(부와 권력을 되물림해서) 주류 특권을 유지하려는
제도나 정책이
(훨씬) 중력이 있어 왔음을 기억해야 한다.

선량하기 때문에 가난이다.

배제는 누가 하는가

지금도 하루 1달러 미만을 주는 아동 노동은 건재하다.
이 아동의 가난이 노력을 안 했기 때문인지.

마실 물과 곡물의 부족으로 극빈국 사람들이 죽어가는
와중에도 다른 자본국가에서는 더 많은 소를 생산하기
위해 곡물과 사료를 먹인다.
마치 소를 먹이기 위해 사람이 굶는 격이다.
이 소를 소비하는 자본국가의 국민은
풍요의 질병인 비만과 당뇨, 우울로 죽어가고 있다.

약소국 사람들의 절망으로
자본국가는 희망을 쌓아 올렸다.
아프리카, 동남아시아, 남미.
수없는 노동자의 피를 먹고 살아가면서,
저개발국에서 만들어진 옷과 전자제품(버린 옷과 전자제품은
다시 빈민국에 버린다), 먹거리에 의존하면서, 권력과 자본은

이들을 조롱해왔다.

배제의 공기는 가난한 사람들을 더욱 만성적으로
위축되고, 불안하게 만들었다. 수치스럽게 만들면서
보이지 않는 폭력을 진행해 오고 있다.

성실하게 살았지만,
학창 시절의 왕따, 직장따돌림이나 괴롭힘 등도
가난의 맥락에서 오기도 한다.

드라마 〈나의 아저씨〉에서 커피믹스를 저녁밥으로
대신하던 이지안(아이유)을, 파견직이라는 이유로
같은 동료로 보지 않는 이야기처럼 말이다.
'따돌림, 괴롭힘'은 고립감과 소외감, 수치심 등으로
타고난 자기 목숨을 다하지 못하게 한다.
목격자와 증거가 없는 문화적 타살이다.

착취자본주의는 가난이라는 함정을
전 지구적으로 파놓았다.
그들은 그들이 파놓은 함정에 빠트린 것에
미안함을 느껴야 한다.
멸시와 배제를 하는 것이 아니라.
가난은 죄가 없다.
가난에 대한 차가운 시선으로

위축되는 마음이 생기면, 잘 다독이자.
우리의 잘못이 아니다.

그때는 맞고, 지금은 틀리다

내 모부는 오토바이로,
나중에는 작은 트럭으로 소규모 잡화 장사를 했다.
승용차가 필요하단 생각은 해본 적 없었다.
상자 같은 TV며, 선풍기는 딱 한 대로
여름이면 온 가족이 선풍기 앞에 몰려있기도 했을 뿐,
'에어컨'이 없어서 우리 집은 가난하고 불행한 집이라고
생각해 본 일은 없었다.
그때는 에어컨이 없어도 맞다.

우리는 잘 알고 있다.
소유한 물질이 많은 어른을 보면
더 많은 행복을 보장하지 않는다는 것을.
자신이 과거보다 화폐가 많아졌다고 해서
과거보다 행복감이 비례해서 증가하는 것이 아님을.
물질의 양이 평화감의 무게와 비례하지 않는다는 것을.

가난은 몸을 불편하게 할 수는 있지만

2021년, 기억을 추려 7살쯤 살았던 시골집을 찾아갔다.
오래된 여관방이 두 개 붙어 있는 것 같은 집이었다.
무너질 듯한 집이 4차선 도로변에 남아있는 것도 신기했다.
놀랐던 사실은, 몇 평 안 되는 작은방 1개와 방 앞으로 외
부 출입문 정도만 있을 뿐이었다. 그렇게까지 작은 줄 몰랐
다. 지금 시선으로는 1명도 좁아 보이는 곳에 5명이 살았던
공간이었다.

바로 옆집에는 젊은 부부가 살았다.
옆집의 젊은 아주머니는 내게 핫도그 같은 간식을
사주곤 했다. 이런 집에 살았다면,
젊은 부부 아주머니도 분명 가난했을 터인데.

피가 섞이지 않은 사람 중에서
처음 얻어먹었던, 첫 사람이었다. 지금은 할머니가 되었을.
가난할수록 불행할 것 같지만,

가난했던 단칸방 살이를 생각해보면 그렇지 않다.
지금은 남의 집 아이에게 먹을 것을 사주면,
의심부터 받을 수 있는 세상이다.
무얼 먹였을까, 하는 찜찜함.
아이에게 해를 끼쳤을까, 하는 불안.

화폐가 있어서 아이에게 비싼 것을 주고,
학원을 여러 곳 보낼 수는 있지만,
아이가 엄마 아빠를 온기 있는 사람으로 느끼는 것은
화폐와 별개이다.
오히려 학원을 투어하느라,
추억을 쌓지 못한 아이는 모부와 쌓아가야 할 정을
놓친다. 점점 더 가족은 '남'이 되어 간다.

절망은 가난하다고 느끼는 것은 아닌 것 같다.
부유하더라도 어찌할 수 없는 허무, 외로움, 우울이
절망하게 한다.

돈이 많을수록 좋을 것 같지만
돈의 흐름을 들여다봐야 한다.
돈이 가족과 사람의 온기를 느끼는 방향으로 흘러가는지.
가난하더라도, 온기의 추억을 남기면서 살아갈 수 있다.

가난이 나를 괴롭게 하는 것이 아니라,
자본주의에 가스라이팅 된 사람들의 혐오적 인식이
우리를 괴롭힌다.
우리도 그들의 조롱을 반사할 수 있는 지혜와 힘이 있는
큰 존재임을 기억하자.

모두를 위로하는 정의

사랑할 자격

남성은 집, 화폐, 직장을 갖추어야
결혼 시장에 참여할 수 있고,
결혼 자격증을 취득했다는 신화적 믿음이 있다.
신화는 누구나 아는 이야기지만, 실제는 아니다.
집, 자동차, 직장을 갖추지 않았지만, 좋은 연을 맺고
사는 사람들은 어디에나 있어 왔다.
(이 3가지가 없던 '삼무인三無人'인 나를 받아준 동반자와 경자씨가 고맙소
— '무소유' 지향은 1도 없을 때인데, 가진 것이라곤 거의 몸뚱아리에 가까웠
다)

돈＝결혼 자격증은 성립하지 않음에도
신화적인 환상이 전수되고 있다.
물질 자격을 취득해야만 결혼 자격을 얻는 것이라고
믿게 하는 환상 때문에 반대로 마음 자격은 삭제되었다.
삭제되어버린 마음 자격은
오히려 반려자의 마음을 이해할 줄 아는

감수성 같은 중요한 자격이다.

돈으로는 옷, 가방, 구두도 선물할 수는 있다.

하지만 감수성 있는 언어와 공감하는 말은

돈이 있다고 해서 구사할 수 있는 물건이 아니다.

절망하는 어두운 마음을 안심시켜 주는

깊이감 있는 위로는 돈으로 서술될 수 없다.

스스로 열등감에 빠지지 않길.

당신의 따뜻한 마음씨에

당신의 합리적인 지성에

당신의 속 깊은 지혜에

감동할 그들은 무수히 많다.

페미니즘 가면을 쓴 가스라이터

자기애성, 연극성, 반사회성 성격장애를 가진 가스라이터는
권력을 잘 이용할 줄 알기 때문에,
모두를 피해자로 만드는 능력자다.

특히 페미니즘이라고 하면, 부정적인 인상을 갖는 사람은
성격장애가 있는 남성 혹은 여성에게
깊은 상처 경험이 있을 수 있다.
가스라이터는 자신이 추앙받아야 하는데,
자신을 칭송하지 않는 남성이나 여성들을 향한
분노를 드러낸다. 분노만 드러내면 다행이지,
직접적이거나 미묘한 방식으로 복수를 한다.

성격장애를 지닌 가스라이터는
감수성과 공감을 늘 집에 두고 다니기 때문에
(집에라도 있으면 다행이다)
사람들을 괴롭힌다.

상상 이상으로 그들은 강하다. (정확하게는 강해 보일 뿐이다.
실제로는 별거 없다)
그들과 전투를 벌이는 것은
이길지라도 손해 보는 장사가 된다.
전투 기간에 아까운 삶과 시간, 안녕감을 내줘야니까.

이런 가스라이터가 자신이 페미니스트라고 표방하기
때문에, 건강한 페미니스트들이 함께 욕을 드신다.
자기애성 가스라이터는 자신만이 우월해져야 하기에
남이 잘되는 일을 싫어한다.
그래서 젠더 갈등을 부추기는 온오프라인 활동을
즐겨 했을 것이다.

사람은 '특수하거나 적은 양의 사례를 근거로 섣불리
판단하는 오류'라고 하는 '일반화의 오류'를 겪기도 한다.
가스라이터에게 피해를 당하고 나면 사려 깊고 의식
있는 사람일지라도, 무의식적으로 거부감이 생긴다.
이런 감정이 자리 잡으면, 은연중에 상대 성(이성)을
비하하게 되어 서로 교류하는 것을 불편해한다.

가스라이터를 대하는 현실적인 조언도
그들과 '교류하지 마라'다.

그들을 최대한 '피하라'다.

그들과 교류하면서 편하다면 그게 이상한 일이다.

그러나 혹시 내가 '일반화의 오류' 때문에

선량한 남성, 여성을 향해

혐오를 가지고 있는지 가능성을 살펴보아야 한다.

좀 더 본질적으로는 모부를 향한 핵심 감정과 관계를

살펴보는 것도 도움이 된다.

이성이 살아온 배경과 삶을 이해할 수 있을 때

함께 (잘) 살 수 있다.

쉽다는 말은 아니다.

한국은 학교, 군대, 직업이나 회사의 업종에 따라

남녀가 물리적으로 분리된 곳이 많다.

'유교걸' 문화가 여전하다. 오만 원 권에 (현모양처로 생산된) 신

사임당이 계신 것도 '그냥'은 아니다.

여성과 남성은 상당한 기간과 장소에서 서로 다른

화성인과 금성인으로 살아가게 된다.

서로가 다른 성별을 이해하는데, 어려움을 가중시키는

구조로 되어있다.

하지만 두 종족이 서로 이해하는 게

불가능한 일도 아니다.

내가 남성이나 여성으로서 받아온 특권을
잠시 생각해 볼 수 있다.
그리고 다른 이성이 받아왔을 억압이나 차별이
무엇이었을지 잠시 생각해 볼 수 있다.
인간은 심리학자 '융'의 말처럼
여성성과 남성성 둘 다를 가지고 있다.
내 안의 여성성과 남성성 둘 다를 인정, 지지해 줄 때,
두 종족은 가까워진다.
결국 내 안의 성별 다양성을 이해하려는 자세를
취할 수 있을 때,
이성을 이해하는 감수성도 커진다.

순종은 나를 버리는 것

가족, 학교, 직장은 순종하는 사람을 선호한다.
그래서 '순종'이라는 단어에 자연스럽게(자연스럽지 않은데)
순종한다. '유교걸, 유교보이'로 자란다.
이 단어에 불편감이나 의문 없이 받아들이도록
교육받는다.
순종하지 않는 학생은 거의 한 방에 '문제아'로 찍힌다.
직장에서도 '트러블 메이커'로 찍힌다.
찍힘으로 끝나면 다행이다. 짤린다. (온갖 이유를 붙여서)

가정과 학교에서 받는 교육이 어린 시절부터
시작되기에,
그 시절 우리는 순종이라는 억압을 소화할 힘이 없다.
자연스럽게 다른 사람의 생각이나 어른들의 생각을
그대로 받아들여야 하는 상황 속에서 자란다.
형제자매, 친구를 관찰하면서
불순종의 대가는 '두려운 것임'을 몸으로 익힌다.

그래서 순종은 가족에서, 시가(시댁)에서, 직장에서,
조직에서 권력과 한 몸이 되었다.
순종은 그럴싸하고, 긍정적이고, 천사의 얼굴을
하고 있다. 개인의 영성과 창의성을 일깨우고,
계발하는 사람이 과연 순종적이었을까.
직장을 박차고 나와 자기만의 일을 시작하며,
고생길을 자처하는 이들이 어리석어서일까.
정규 학교에 다니지 않는 학생은 문제아일까.
순종을 선전하거나 강요하는 사람,
순종 권력에 자기를 내어준 사람 모두 고달프다.

순종은 진솔성이 없다.
진정성은 사라지고, 가면(을 쓴 거짓)은 살아난다.
일방적인 한쪽의 이야기만 있고,
듣는 이는 불합리함에 의심이 들지라도
따라야 하는 것이기에 진정성을 잃게 된다.

독일의 심리학자, 정신의학자인
아르노 그륀의 〈복종에 반대한다〉에서 말한다.
노예 마음과 복종에서 벗어나려는 싸움이 어려운 것은
바로 자신을 옥죄는 족쇄를 전혀 느끼지 못하고 있기
때문이다. 어린 시절부터 아버지나 어머니의 제압적인

힘을 통해 하인 근성이 깊이 자리 잡는다.
'병들지 않은' 사람으로 분류되는 순응자란
경쟁에서 성공한 사람들,
소유하고 정복한 통치자들이다. (…)
문화적으로 인정된 '정상적인' 행동,
하지만 동시에 자기 자신을 속이는 행동이 생겨난다.

여성은 여성에게 덤으로 부과된 문화적 가스라이팅에
순종하면 안 된다.
남성은 남성에게 덤으로 부과된 문화적 가스라이팅에
순종하면 안 된다.

순종하지 않을 때 두려움은
솜사탕이 만들어지는 것처럼 크게 불어난다.
하지만 큰 솜사탕을 먹다 보면,
누구나 순삭 해버린다는 것을 안다.

그렇다. 두려움은 피하지 않고,
마주 볼 작은 힘이 남아있다면,
두려움을 순삭시킬 수 있다.
순삭된 그 자리에는 커져 있는 '나'를 발견할 것이다.
발견한 '나'를 보곤, 놀라는 일이 종종 있기를.

분노를 장착해야 나를 지킬 수 있다

나로 서 있고, 안녕감을 지켜내기 위해서는
(역설적으로) 건강한 분노를 할 수 있어야 한다.
평온한 생활의 경계를 침해당하고
누군가 우리에게 피해를 주며 위반 해온다면,
건강한 적응적인 감정은 분노하는 것이다.

'건강한 적응적인 분노'는
상대방에게 벌을 주기 위해, 지배하고 통제하기 위해,
화난 척하는 도구적(가짜) 감정과는 질적으로 다르다.
자신에 대한 비난(예: 나는 쓸모없는 인간이야)과
재앙적인 기대(예: 내 앞날이 걱정돼, 직장에서 짤리면 굶어 죽을지도
몰라)로 생겨나는 분노와도 다르다.
격분하고 과하게 화를 내는 것과도 다르다.

분노하는 것을 나쁘게만 바라보는 이유는
'급발진하는 분노'나 '가짜 분노'가 많아서다.

분노의 감정을 느낀 뒤에, 어떤 행동을 하고 나서
집에 돌아와 자신에게 '후련하다, 속이 다 시원하네'라는
기분이 들면 잘한 거다.
그러나 '이불 차고 하이킥'을 자주 하면, 화병이 나므로
자신이 이런 성향이라면 '화'내는 연습을 해야 한다.

분노할 대상이 자신보다 '보이지 않는 권력'이 있고
'힘이 세다'는 생각이 들면 두렵다. 정당한 분노를
해야 할 일에 오히려 두려워서 움츠러든다.
그래서 타당한 분노를 억압하였을 때,
그 결과로써 우울해지고 무기력해진다.
싸움에서 선빵을 날려도 분한데 꼬리까지
내려버렸다면, 자신이 초라하고, 무력해지는 마음이 든다.
(용기는 초라하고 무력해지는 마음에서 난다. 그러니 괜찮다. 잔잔히 기다리
면 된다)

우울감이나 무기력한 기분은 억울한 상황의
원인이라기보다는 결과인 증상에 해당한다.
우울하고 무기력해서 공부하기 싫다, 일하기 싫다,
친구 만나는 것도 귀찮다, 고 생각할 수 있다.
그래서 우울한 무기력을 원인으로 생각하기 쉽다.
그러나 원인이 아니다.

결과이고, 증상으로 드러난 것뿐이다.

인사권, 채용권, 경제권 같은 무시무시한 권력 앞에
아무것도 할 수 없을 때, 무력감을 느낀다.
내가 할 수 있는 것이 없다는 생각이 들 수도 있고,
때론 어찌할 수 없는 권력 앞에 비굴해질 수도 있다.
화를 내봐야 일만 더 커지고 오히려 더 불이익이
돌아올까 두려울 수도 있다.

그러나 그 두려움조차도 지나고 나면
별일 아닌 경우가 허다하다. (내가 두려워했던 일을 남들은 기억조
차 못한다. 좀 더 자세히 말하면, 기억은 할지라도 그 일을 심드렁하게 생각
한다. 자기 일도 많은데, 남의 일까지 죄다 기억하지 못한다. 슬프게도)
과하게 두려워하고 불안해했다는 것을 지나고 나면
알 수 있다. 두려움 역시 분노하지 않았기 때문에
생겨난 감정이다.
단지 분노를 억눌렀기 때문에 생겨났을 뿐이다.

타당한 분노를 충분하게 표현했다면,
두려움이 자라날 공간이 사라져버린다.

(정당한) 분노를 하자.

내 감정은 소중하니까

흔한 오해가 있다.
슬픔, 분노, 불안, 수치심 등은 부정적인 감정이니
이런 감정은 느끼지 않을수록 좋다고 생각한다.
그러나 슬플 때는 슬픔을 느끼고, 분노할 일에 분노하면
잘 사는 게 맞다. (당신은 감정 능력자다)

그런데 부정적 감정을 괴로워하는 이유는
정당하고 타당한 감정으로 올라오는
슬픔, 분노, 두려움, 수치심 등이 아니기 때문이다.
분노나 두려움 같은 것이 비합리적인 생각과 뒤엉켜
상황을 과대하게 부풀려(부정적으로) 생각할 때,
괴로워진다. 상황을 잘못 해석하는 거다.

혹은 과거의 아픈 경험 때문에 감정이 왜곡되고,
변형되기도 한다.
어릴 때, 모부가 인정해주기보다, 꾸지람 했다면

어른이 돼서도 직장 상사의 지적을
더 큰 분노나 불안으로 느낀다.
모부의 사랑과 인정을 상실한 것에,
슬픔을 자각하고 느끼는 것이 적응 감정이다.
그런데 인정을 주지 않은 것에 대한 분노로 대응할 때,
슬픔이 분노로 변질한다.

당신에게 누군가가 친절하게 대해주었는데,
그 친절을 주었던 사람이 상처를 주었다고 상상해보자.
시간이 지나서 누군가 당신에게 친절하게 대해주면
상처받은 기억이 떠오른다.
그래서 상처받지 않기 위해서, 그 사람을 밀어내려
화를 낸다. (상처받는 게 고통스럽다는 거, 정확히는 아니지만 얼추 안다.
우리 모두 겪으니까)
그런데 밀어냈기 때문에 또 다른 고통이 온다.

당신을 모욕하는 윗사람에게
여러 이유로 분노를 눌러놓게 되면, 오히려 분노하지
못한 자기에 대한 수치, 슬픔, 억울함이 든다.

자신을 나약하다 생각하고, 쓸모없는 사람이라 생각하는
자책의 목소리를 만나거든, 다른 무엇도 필요 없다.

가만히 괜찮다고, 잘 살아왔다고, 애써왔다고, 말해주라.
자신에게 위로를 선물로 주어라.
그리고 자신을 진심으로 대하는 누군가에게
위로를 받으라.

살다보면, 정당한 분노가 끓어올랐다는 것을 자신이
알아차리고 그 느낌에 머무르는 것이 필요하다.
부당한 대우를 했던 대상에게 적절하게 표현하는 것이
가장 좋겠지만, 어디 세상이 그리 호락호락한가.
그래서 최소한 자신의 감정이 정당하고 타당했다는 걸
알아주자. (최소한은 말이다)
'나의 옳음'을 알아주는 느낌에 머무르는 게, 우울감과
무력감을 납작하게 할 수 있는 자기감이 생겨난다.

분노할 일에 분노할 수 있어야,
자신이 서 있는 자리를 지켜낼 수 있다.
그 분노는 어느새 사라지고
그 자리에 이해, 자기 애정이 피어난다.

당신을 위해 연인이나 가족이 기도하고 있을지 모른다.
'소리 내 우는 법을 잊은 당신'을 위해
기도하는 사람이 여기 있다.

인정은 자연스럽게 당신에게 온다

여전히 나도 인정 욕망으로부터 자유롭지는 못하다.
(아마도 일생을 그렇겠지?)
나이가 무거워지면서 싫은 것(몸이 부실해지는 것 같은)도
있지만, 외부의 인정으로부터 헐거워지는 면도 있었다.
사회나 직장, 가족의 요구를 덜 신경쓰기도 한다. (대신에
내가 안주거리가 되거나, 잘근잘근 씹힐 수도 있다)

꼬마 아이 때부터 시작되는 유치원, 학교 조직의
일원이 된다. 성인이 되어선 대학이라는 조직과
직장이라는 거대 조직의 일원이 된다.
평생을 가족 조직이라는 근간을 바탕으로
교육 조직과 직장 조직 속에서 살아간다.
인정의 기준에서 보면, 교육 조직은 성적이고,
직장 조직은 성과다.
가족 조직은 웃프지만, 이 둘 다를 합해야 한다.
이 안에서 경쟁을 기반으로 인간 순위가

일생을 따라붙는다.

그렇다면 가족, 학교, 직장 그 어디에서도 인정의 가면을
쓴 평가로부터 구속되는 환경 속에서 살아진다.

가족에서 시작한 인정받고 싶은 마음은

학교와 직장으로 이어져

한평생을 (인정)투쟁해야 하는 것으로 살아진다.

노년이 되면, 다시 가족의 인정이라는 원점으로 돌아온다.

한 존재의 근간은 가족이라는 타인(가족도 타인으로 볼 수 있다)

과 선생님, 직장 동료라는 타인의 인정에 갇힌다.

결국 가족, 선생님, 직장 동료에게서

'인정을 해체한다'는 것이 어디 쉬운 일인가 말이다.

타인이 인정해주면 자존감이 올라가는 것 같고,

행복을 느낀다면, 그 행복은 늘 타인의 결정에 달린다.

타인에 의해 정해지는 이런 변덕스러운 일에

자존감이나 행복이라는 단어는 어울리지 않는다.

가족, 선생님, 직장 동료의 인정이 없어도

느낄 수 있는 자기다움이 있다면

이것이 지속 가능한 존재감이다.

자기의 욕구와 감정과 생각을 찬찬히 마주하고

살펴볼 수 있다면 조금씩 나와 만나갈 수 있다.

상담심리 분야의 기본값(이라고 말하고 싶은), 인간중심상담을
창시한 '칼 로저스'가 있다.
그는 마지막으로 재직했던 위스콘신 대학에서
동료 교수들과 대립(갈등)이 커져 학과를 떠났다.
조금 더 뒤에는 대학을 완전히 떠났다. (떠남이 있었기에 세상은
그의 빛남을 알아보기 시작했다)
인정에 관한 이론을 만들고 선한 영향력의 학자인
'주디스 버틀러' 역시도 일부 종교계나
특정 집단들로부터 많은 비판을 받았다.
(100살은 거뜬 살 것 같다)
이러한 예는 몇 페이지도 쓸 수 있을 정도로 많다.

이 지구별에서 모든 사람에게 인정받을 수 있는 사람은
존재할 수 없다.
아들러 상담에 관한 책 '미움받을 용기'는 읽지는
않았을지라도, 들어보기는 했을 정도로 인지도 있는
책이었다.
누군가에겐 용기를 내는 것이,
누군가에겐 잠시 용기를 집에 두고 오는 것이
최선의 행동이었으리라.
'미움'이라는 것은 보편적 근거가 아니라,
문화적인 억압과 개인의 역동(문제) 때문에 생기는

경우가 많다. 나를 괴롭혔던 사람과 똑같게 생겼다는
이유로, 그 사람을 미워하는 것이 그렇다.
혹은 정당한 요구를 하는 사람은
피곤한 사람이라고 미워하는 것도 그렇다.

반사회성 성격장애 같은 가스라이터가
행동화로 위협하는 일이 아니라면,
직접적인 생존을 위협하는 일이 아니라면,
일상 장면에서 사람 간 겪을 수밖에 없는
미움 받는 (정도의) 일이라면,
가볍게 넘겨주는 센스를 착용하고 다니자.

전혀 미움을 받지 않으려면,
오히려 내가 아닌,
다른 누군가의 삶으로 살아가고 있을지 모른다.
인정받지 못한다는 것은 나다움의 표식이다.
인정받지 못할까 봐 걱정하지 않아도 된다.
인정은 자기답게 살아갈 때,
어느새 내 살갗에 와 있다.

다 다르지만, 누구나 고통을 느낀다

아마도 자기네 인종과 성별만을 고수할 수밖에 없었을 것이다. 이 가족 대 저 가족, 이 나라 대 저 나라, 이 신 대 저신이라는 대립 구도가 형성된다.

따라서 그들은 자기네가 소중히 여기는 정체성을 위협하는 것 같은 '타자들'에 대해 두려움과 분노와 증오심을 느끼는 경우가 적지 않다.

-켄 윌버 〈진실 없는 진실의 시대〉-

뜨거움은 타인의 실수나 사소한 부도덕함을
감시하고 지적하는 것에는 없다.
실수를 한 사람이 두려워하고 걱정하고 있을 때,
그걸 용서하거나 이해해주면서, 마음으로 실수를
반복하지 않도록 격려하고 응원하는 것에 있다.

빵집을 운영하는 사장이라고 생각해보자.
어느 날, 돈이 없어서 빵을 집지 못하고 주저주저하며

빵 주변을 기웃거리는 사람이 있다.
당신은 눈치 있게 빵을 싸주는 (담담한 눈빛은 필수^^)
배려와 센스를 겸비한 빵 가게 주인이고 싶은가.
아니면 당신은
'재수 없게 이상한 사람이 가게에 들어 왔다'는 생각을
하면서, '(째려보며) 나가라'고 하는
무심한 빵 가게 주인이 되고 싶은가.
이 둘 중, 이 사건 이후에,
마음의 온기는 누가 느낄 수 있을 것인가.

만일 누군가는 거지같은 애들은 우리 가게에 얼씬도
못 하게 해야 해, 하면서 문전 박대했다고 하자.
그런 사람이라면 지금의 삶이 평화롭게 느껴질 때가
있을지 상상해보자. 씩씩거리는 비정함만 그려진다.

뜨거움은 '노블레스 오블리주'라 하는
요상한 단어 같은 느낌은 아니다.
가진 자가 도덕적 선행을 베풀어야 하는 것 같은
우월적 도움은 뜨거움이 있을 자리가 없다.
물론 돕지 않는 사람보다 좋은 일이다.
하지만 조건적인, 혹은 우월적인 감정은
자신을 격하시킨다.

베푸는 건 선한 행동과 비슷하기는 하다.
그러나 어떤 맥락에서는 동정일 수 있다.
동정은 도움받는 사람에게 상처를 줄 수 있다.
높은 곳에서 베푸는 느낌보다는
나와 동일한 존재가 차별과 억압받는 상황에 대해
우리가 함께 있어 주는 느낌이 온기 있게 한다.

◆

사람은 진실, 자유, 평등, 평화, 행복, 우정, 신의 같은
가치를 추구하고 중요하게 여긴다.
그러나 이러한 가치가 삶이나 행동 사이의 간극이
얼마나 넓은지 나를 통해 본다.
누구에게나 진실함은 소중한 가치인 것을 알지만,
이것을 지켜낼 만한 '사람 되기'는 아득히 먼 곳이다.

김지혜 작가의 〈선량한 차별주의자〉라는 책은
제목 자체가 예술이다. 의식하지 못하는 차별이 공기만큼
흔해서, 나도 선량함을 가장한 채 차별하며 살아왔다.
(정확하게는 살고 있다) 혹은 의식하지만, 모른 척하는 차별주의
자였다. (그리고 아니라고 부정하고 싶지만, 차별주의자다)
어떻게 하면 그냥 '선량한 자'로 살아갈 수 있을지.
내가 이룰 수 없는 불가능한 목표다.

그렇지만, 눈뜨려는 선량함을 포기한 채,
눈감으려는 불량함으로 사는 것은,
내가 지구에 던져진 이유를 상실할 것 같다.

차별과 억압은 어디에도 있어 왔다.
그런데 차별과 억압은 자세히 들여다보지 않으면
어디에도 없다.
허름한 동네나 슬럼화된 도시 속에서
내 집만 으리으리한 건물이라고 가정해보자.
그리고 동네나 도시 대다수의 사람들이
차별로 어려움을 겪고 있다고 상상해보자.
그런데도 그들의 고통이 전혀 신경 쓰이지 않는다면,
내 감정이 삭제되었다는 증표다.
연민, 자비, 사랑 같은 감정이 삭제되었다.
동시에 연민이나 사랑 같은 감정이 없기에
차가운 마음으로는 따뜻한 감정을 느낄 수 없다.
결론은 그 역시도 외로운(불쌍한) 사람이 된다.

어려움 때문에 납작해진 사람들.
우리가 여기 있어요~, 라고 함께해 줄 때,
우리도 함께 '안녕'할 수 있다.
나와 같은 가족은 아니지만

나와 같은 인종은 아니지만
나와 같은 문화는 아니지만
나와 같은 직업은 아니지만
나와 똑같이 이 사람도 고통과 아픔을 겪었다.
나와 똑같이 이 사람도 슬픔을 아는 사람이다.

골동품점 할아버지

평범한 유리(작은 투명 병)일 뿐이지만,

안 깨졌다는 이유만으로 여기(골동품 상점)에 있는 거야.

하루코

안 깨졌다는 이유만으로 여기 있게 됐다.

안 깨지는 것만으로도 가치가 있는 거야.

- 영화 〈남편이 우울증에 걸렸어요〉 -

치유자도 회복 중입니다

수용전념치료(간단하게 말하면, 명상을 활용한 치료)는 심리상담 분야에서 주류다.
수용전념치료의 창시자인 스티브 헤이즈는
〈자유로운 마음〉에서 다음 같은
자전적인 이야기를 들려준다.

내 첫 공황 발작은 1978년 심리학부 교수회의 도중에
발생했다. 모든 교수들이 다시 싸우고 있던 참이었다. (…)
젊은 조교수로서 나는 제발 그만하라고 그들에게 몹시
소리치고 싶었다!
그 상황에서 기절할 것 같다는 생각이 들었고,
심장이 빠르게 뛰었다. 숨을 쉬기 위해 허우적거렸고,
굴욕과 공포를 느꼈다. (…)
나는 회복 중인 공황장애가 있다.
나는 불안 수용하기를 배움으로, 회복의 길로 들어섰다.

나는 한국심리학회 산하 한국상담심리학회 1급
이론(필기) 시험을 준비하던 때였다.
시험 스트레스로, 여름인데도 한 달 정도 손발이
차가웠고, 핫팩을 구해 써야만 했다.
여름이라서 핫팩 찾는 손님을 주인이 보기에
이상했을 것이다.

비슷한 기간에 생애 첫 공황 증상을 겪었다.
기차가 출발한 지 얼마 안 되어서
갑자기 숨이 쉬어지지 않는 공포를 느꼈다.
내리고 싶었지만(버스면 모를까, 기차는 알죠?) 그럴 수 없어,
어지러움과 두려움으로 바닥에 주저앉았다.
태어나서 이 강렬한 첫 불안을 겪은 뒤로는
스트레스가 심한 상황에서는 숨이 쉬어지지 않는
두려움을 겪어야 했다.

공황으로 인한 호흡 불량이 죽음으로 이르지 않는다는 걸
알고 나서는, 어쩌더라도 숨쉬기 어려운 호흡 장애가
일어나면, 곧바로 심호흡을 천천히 한다.
아주 잠시뿐인 걸 알아선지 증상은 금세 사라진다.
언젠가는 불편한 호흡이 다시 일어날 수 있지만,
그것이 두렵지는 않다.

내가 공황 증상, 우울(우울증 진단기준에 해당할 수준은 아닐지라도) 증상을 겪을 때, 동반자는 한결 같아서 좋았다. 호들갑스럽지 않게 지켜봐줬다. (등을 두드려주었는지는 기억나지 않는다) 격동의 사건들을 겪을 때면, 잔잔하게(때론 힘 있게) 조언을 주는 게 위로가 되었다. (감사의 글을 이걸로 끝내야겠다)

사람이라는 육체를 가지고 있는 한,
모두가 상처가 있다.
부자도,
연예인도,
가난한 이도,
결혼 제도를 이행한 이도,
외모나 몸 자본을 가진 이도,
다른 능력을 가진 이(장애인)도,
마음 공부를 한 수행자나 성직자도,
진정성 있는 이도, 진정성이 없는 이도.

우리는 상처 입었지만,
우리는 치유의 본성을 가지고 태어난다.
우리는 '상처 입은 치유자'다.
우리 스스로를 치유할 수 있는 치유자다.
다른 사람을 위로하고 치유할 수 있는 치유자다.

살아있으니 상처 입지만,

살아있는 한 상처를 치유할 수 있다는 것을.

작가의 말

이 책은 두께에 비해, 오랜 시간을 통과해 왔다. (그 이유를 말
하자면 길어지니까, 이런저런 잡스런 이유가 많았다, 정도로만)
2021년 겨울, 대학생들이 담소를 나누고 있던
스터디 카페 휴게실에서 첫 글을 내디뎠다. (무소음 마우스가
없어서 휴게실에서 시작했다)
그간에 학위를 받기 위해서 글을 썼고,
대학에 와서는 실적과 승진을 위해 글을 썼다. (어느 순간,
연구제도 속에 갇혀 있는 게 인생을 낭비했다, 라고 후회가 될 정도였다)
그건 그저 심사자, 연구자, 지도교수,
세 사람만 본다는 연구 논문이 전부였다.
(논문 글을 쓰기 위해 노곤했을 연구자들을
낮추려는 것은 아니다)

나는 일전에, 박사학위 주제를
대기업에서 '나'가 사유하는 존재라기보다는
사축이 되어가는 과정과 몸부림, 으로 썼다.

지금은 대학원 상담팀(제자들)과
기울어진 사회 구조와 제도를 상담자의 눈으로
드러내려는, 성찰적인 글을 함께 했다.
눅눅한 환경에서 사는 독거노인을
돌봐왔던 삶을 성찰한 글,
발달장애 자녀를 둔 부모의 성찰,
발달장애 형제를 돌봐왔던 자매의 삶,
젠더 갈등에 관한 탐구,
이혼으로 해체된 가정에서 생존해 나간 삶,
가족 갈등을 극복해 나가는 삶…

나름의 이유와 의미를 지닌 글을 완성해가는
과정이 있었다.
그러나 그런 글들이 우리 여기 있어요, 라고 하는 듯
논문이라는 제도에 갇혀있었다.
세 사람만 보는 글이 아닌
사는 게 만만치 않은 사람들에게
편안하게 읽히는 글이면서 위로가 될 수 있는
글에 대한 목마름이 있었다.
그래서 '정의'를 다루는 상담을 만나지 못했다면,
어쩌면 연구 글만을 쓰는 학자로 박제되었을지
모르겠다.

이 책을 쓰면서 새로웠던 것 중 하나가 있었다.

지혜롭고 성숙한 사람에게서 지혜롭고 성숙한 글이 태생할 것이다, 하고 생각했었다.

그렇지 않았다.

글(이 책)이 나를 태생시키고 있었다. (창피하지만, 명상을 배운지 15년쯤 되었을까, 되려 글쓰기가 명상이었다. 잡스러운 생각이나 잡스러운 불안을 녹여준)

나를 변화시키고 있었다.

우연이었다. 이것도 운명지어졌을까. (본문에서 나는 운명이란 말을 여러 번 썼다)

◆

나는 흔히 말하는 무수저였다.

그렇다고 머리가 좋은 것도

외모가 좋은 것도 아니게 세상에 던져졌다. (진짜다)

안 좋은 머리로 학교 공부를 하려니, 참 고역이었다.

그래서 지금도 '고3, 군대' 시절은 솔직히 말해서

참 별로였다. 즉 학교, 군대라는 시스템과

'나'라는 시스템이 서로 별로였다, 하는 뜻이다.

그러다 보니 웅덩이 같은 시야와

마음의 깊이는 바닥인 채로 살아왔던 것 같다.

내가 어디에서 와서, 난 누구이고,
어디로 가는지에 대한 사유 없이,
그저 이름만 있을 뿐 나를 잃어버리고 살아왔다.
상담심리 공부를 한답시고 했지만,
너무나 긴 시간 잃어버렸던 나를
조금씩 찾아가는 여정은 복잡했다.

사람들을 돕는 일이 소명인가 보다, 생각했겠지만
정작 행동은 빈약했다.
가난한 힘이 있는 사람을 돕는 것이 업이다, 하고
생각했겠지만, 내가 그들을 도왔다기보다는
그들이 나를 먹여 살려온 꼴이 되었다. 지나고 보니.
그들과 깊은 연민을 나누는 소명은커녕
노동에 절여지거나, 조직 생활에서 허덕이고 있었다.
그런 허덕임 속에서
'정의'를 다루는 상담은 (정작) 중요한 것을 보지
못하고, 돕는 시늉을 하고 있었음을 보게 했다.

그런 부채감을 갚으려는 과정에서
오히려 진정성이 무엇인지, 하나씩 느끼게 되었다.
(여전히 주제넘은 소리이긴 하지만)
사소한 것 같지만, 사소하지 않은

다른 사람들의 일상을 보기 시작했다.

눈을 감고 있었기에 보지 못했다.

이런 눈으로 보게 된 세상은 회색빛이었지만,

빛났던(그리고 빛나는) 사람들도 볼 수 있었다.

그리고 나와 타인을 설명하는 언어를

조금씩 배울 수 있었다.

되려, 내가 살아있음을 느꼈다.

소외되거나 고통받는 존재를 위해 쓰는 글(좀 거창한 것 같은데,

달리 표현할 말이 생각나지 않는다)이

내가 할 수 있는 작은 응원의 목소리다, 라고 생각했다.

그러나 글 쓰는 사람들의 보편적인 고민일지

모르겠으나,

현재 처리할 일이 바쁘다는 이유로 미루고

삶에 여유를 녹여내야 한다며 또 미루어왔다.

바닥에 누워 숨만 쉬고 있기도 했다. (잡념 때문에)

그리고 가끔은 이 글이

얼마나 도움이 되겠어,

내 앞가림도 잘못해,

시간 낭비야,

나도 그다지 행복하진 않아, 라는

내면의 부정적인 음성을 들어야만 했다.

거기에다가 이 글 때문에

가만히 있으면 중간이라도 가지(욕먹는다), 같은 생각에

글을 포기할까, 하는 마음이 수없이 들었다.

나는 이성애자이고, 비장애인이고, 한국인이고,

플렉시테리언 정도를 겨우 실천하는 비건 지향자이고,

자본주의 상품에 의존하는, 군대 갔다 온 남성이다. (앞에서
난 무수저라고 했는데, 특권을 누려온 무수저인 셈이다. 이런 특권이 없었다
면, 나 또한 살아서는 노동만 하고, 죽어서야 쉬게 되었을런지)

내 위치성을 자각해가는 과정에서

점점 더 널려있는 차별을 보기 시작했다.

'차별주의'에 한 몸이 된 가스라이터들은

다른 사람들에게 '보이지 않는 침묵'을 강요하고,

'조용한 배제'를 해왔다.

살아있는 존재를 향해 '조용한 트라우마'를 겪게 했다.

그런데도 차별에 관한 다양한 담론에 대해서도

언급하지 않았다.

내가 쓴 글이 내 삶과 행동으로 온전히 일치하지도 않고,

일치시키는 삶 자체가 고매하여,

고민만 하고 있다.

그리고 '정의' 문제가 단지 생활의 불편을 넘어서,

먹고 사는 일과 연결된 사람들이 많기에
이들에 대한 구조적이고 개인적인 대안이
제대로 안내된 것도 없다.
아직도 마음의 준비가 덜 된(앞으로도 준비는 쉽지 않겠지만)
세상을 배우고 있는, 한 사람임을 드러낼 수밖에 없다.
(그러면서 앞에서 주제넘은 소리를 너무 많이 해서 죄송한 마음도 남긴다.
꾸벅)

겨우겨우 여기까지 왔다. (여기까지 오는데, 내가 아는 혹은 모르는
너무 많은 사람들에게 빚을 지면서 왔다)
쓰러질지도 모르지만, 앞으로 조금씩 기어서라도
잔잔하고 꿋꿋하게 나아가려 한다.
쓰러질지언정, 일어나야 할 이유는
그들과 내가 직물처럼 연결되어 있기에
빚진 사람들에게 빚의 일부라도
청산하고 가야지 싶다. (이 정도만 돼도 좋겠다)

소외와 차별을 당한 사람들, 우리가 모두 여기 있다.
부디 복잡하고 고단한 삶이었다고 회상되는 이들이
슬프고, 수치스럽고, 괴롭고, 불안할 때가 있을지라도
위로와 희망, 살아갈 동기가 살아나길 바란다.
기억해주길 바란다. 삶은 고통스럽다. 하지만 삶은 희망이다.

참고문헌

59쪽   오찬호, 〈나는 태어나자마자 속기 시작했다〉, 2018년,
        동양북스.

65쪽   제페토, 〈그 쉿물 쓰지 마라〉, 2016, 수오서재.

80쪽   마셜 로젠버그, 〈비폭력대화〉, 2013, 한국NVC센터.

91쪽   박정미, 〈0원으로 사는 삶〉, 2022, 들녘.

105쪽   베벌리 클락, 〈실패에 대하여〉, 2021, 현암사.

117쪽   버트런드 러셀, 〈게으름에 대한 찬양〉, 2021, 사회평론.

132쪽   폴 라파르그, 〈게으를 권리〉, 2017, 필맥.

149쪽   존 브래드쇼, 〈상처받은 내면아이 치유〉, 2015, 학지사.

154쪽   김수현, 〈안녕, 스무 살〉, 2011, 마음의 숲.

205쪽   아르노 그륀, 〈복종에 반대한다〉, 2018, 더 숲.

218쪽   켄 윌버, 〈진실 없는 진실의 시대〉, 2017, 김영사.

226쪽   스티븐 헤이즈, 〈자유로운 마음〉, 2021, 학지사.

나를 위로하는 정의

초판1쇄발행	2023년 8월 20일
초판2쇄발행	2023년 11월 15일

지은이	진명일
펴낸이	노 현

편 집	전채린
기획/마케팅	허승훈
표지디자인	Ben Story
제 작	고철민·조영환

펴낸곳	㈜ 피와이메이트
	서울특별시 금천구 가산디지털2로 53, 210호
	(가산동, 한라시그마밸리)
	등록 2014. 2. 12. 제2018-000080호
전 화	02)733-6771
f a x	02)736-4818
e-mail	pys@pybook.co.kr
homepage	www.pybook.co.kr
ISBN	979-11-6519-410-9 93180

* 파본은 구입하신 곳에서 교환해 드립니다.
　본서의 무단복제행위를 금합니다.

정 가　　14,000원

박영스토리는 박영사와 함께하는 브랜드입니다.